2025 제2회
수필과비평올해의작품상 12

수상작품집

2025 제2회 수필과비평올해의작품상 12
수상작품집

인쇄 2025년 3월 19일
발행 2025년 3월 22일

지은이 강천 구활 김정태 심선경 이경희 이성환
　　　　이에스더 제은숙 최운숙 허정진 황진숙
발행인 서정환
펴낸곳 수필과비평사
주소 서울시 종로구 삼일대로 32길 36(익선동 30-6 운현신화타워) 305호
전화 (02) 3675-3885 (063) 275-4000·0484
팩스 (063) 274-3131
이메일 essay321@hanmail.net
출판등록 제300-2013-133호
인쇄·제본 신아출판사

저작권자 ⓒ 2025, 강천 구활 김정태 심선경 이경희 이성환
　　　　　이에스더 제은숙 최운숙 허정진 황진숙

이 책의 저작권은 저자에게 있습니다.
서면에 의한 저자의 허락없이 내용의 일부를 인용하거나 발췌하는 것을 금합니다.

저자와 협의, 인지는 생략합니다.
잘못된 책은 바꿔 드립니다.

ISBN 979-11-5933-568-6　03810
값 16,000원

Printed in KOREA

2025 제2회
수필과비평 올해의작품상 12
수상작품집

수필과비평사

| 차례 |

- 제2회 '수필과비평올해의작품상12'를 선정하며 / 허상문 … 7

강천   수상작 | 그림자를 샀다 … 15
　　　　작가노트 | … 21
　　　　나비의 출근길 … 23
　　　　봄에게 … 27

구활   수상작 | 달빛 사냥 … 33
　　　　작가노트 | … 40
　　　　기차는 돌아오지 않았다 … 41
　　　　무엇이 되어 다시 만나랴 … 46

김정태 수상작 | 재 … 51
　　　　작가노트 | … 59
　　　　감꽃 핀 자리 … 61
　　　　풍장風葬 … 67

심선경 수상작 | 은빛 줄무늬 옷을 입은 여자 … 73
　　　　작가노트 | … 81
　　　　압력솥 … 83
　　　　장마 … 88

이경희 수상작 | 색의 잔상殘像 … 93
　　　　작가노트 | … 100
　　　　다시 … 102
　　　　정, 비빔밥 같은 것 … 106

이성환   **수상작** | 역린을 건드리다 ⋯ 111
          작가노트 | ⋯ 118
          그릇 ⋯ 120
          징검돌 ⋯ 125

이에스더   **수상작** | 시처럼 ⋯ 131
          작가노트 | ⋯ 138
          나의 천동설 ⋯ 140
          연가 ⋯ 145

제은숙   **수상작** | 쓴다 ⋯ 151
          작가노트 | ⋯ 158
          그리움에는 시제가 없다 ⋯ 160
          시간에 시간을 기대어 ⋯ 165

최운숙   **수상작** | 낙烙 ⋯ 171
          작가노트 | ⋯ 177
          맺음말 ⋯ 179
          위로慰勞 ⋯ 183

허정진   **수상작** | 망치학 개론 ⋯ 187
          작가노트 | ⋯ 194
          나비, 다시 읽다 ⋯ 196
          콩나물 촌감寸感 ⋯ 201

황진숙   **수상작** | 선을 읽다 ⋯ 207
          작가노트 | ⋯ 214
          바게트 ⋯ 216
          포구에서 ⋯ 220

2025 제2회
'수필과비평올해의작품상 12'를
선정하며

| 제2회 '수필과비평올해의작품상 12'를 선정하며 |

1. 심사 경위

이 상은 전년도 12월부터 당해연도 12월까지 《수필과비평》에 발표된 작품들을 대상으로 최고의 작품 12편을 선정하였다. 이 상의 심사는 지난 1회와 같이 일체의 비문학적 요소의 고려 없이 오직 작품의 수월성만을 선정 기준으로 삼았다. 이런 심사의 취지가 우수 작품을 발굴하여 소개함으로써 우리 수필 문학을 새로운 단계로 발전시킨다고 여겼기 때문이다.

1) 1차 심사(예심)

1차 심사는 2023년도 제1회 '수필과비평올해의작품상 12'를 수상한 작가(권선옥 김정태 김정화 박주희 송복련 오금자 유영희 제은숙 진해자 한복용 황진숙)들이 맡았다. 이 심사에서 개별 심사 후 합산 다득표를 획득한 27편이 2차 심사 대상에 오르게 되었다.

2) 2차 심사(본심)

2차 심사에서는 서정환 발행인과 심사위원으로 유한근, 박양근, 허상문, 유인실, 엄현옥이 1차 심사에서 넘어온 27편의 작품을 대상으로 심사를 진행하였다. 심사위원들이 개별 심사 후 합산, 다득표를 획득하여 선정된 12편의 작품은 다음과 같다.

강천 〈그림자를 샀다〉, 구활 〈달빛 사냥〉, 제은숙 〈쓴다〉, 김정태 〈재〉, 심선경 〈은빛 줄무늬 옷을 입은 여자〉, 윤미영 〈동바리, 천년을 잇는다〉, 이경희 〈색의 잔상〉, 이에스더 〈시처럼〉, 이성환 〈역린을 건드리다〉, 최운숙 〈낙燒〉, 황진숙 〈선을 읽다〉, 허정진 〈망치학 개론〉,

(순서-작가명 가나다 순)

제2회 '수필과비평올해의작품상 12'에 최종 선정된 11편의 작품(*윤미영 작품은 타 공모전 수상작으로 수상에서 제외)은 우리 수필의 현주소를 보여주는 일정한 경향과 양상을 보여주는바, 수상작들에서 나타나는 이런 경향성은 우리 수필의 미래를 위해서도 중요한 지침으로 삼아야 할 것으로 보인다. 그동안 우리 수필은 다양하게 개체화된 개인적 성향과 일상적 서사를 기록하는 것이 수필의 본질인 것으로 생각하며 수필 문학의 주류를 이루어 왔다. 그러나 우리 수필은 더 높은 문학적 열정과 파토스로 시대정신을 견인하는 문학적 가치로서의 반성적 사유와 대안의 역할을 견고히 해야 할 것은 분명하다.

2. 서사 수필의 위기와 반성

그동안 우리 수필은 개인적 경험과 일상적 삶의 재현이라는 인식의 글쓰기를 해 왔고, 그로 인해 수필 문학이 비문학적이라거나 탈심미적이라는 혐의를 받아 왔다. 그렇지만 제2회 '수필과비평올해의작품상 12'에 선정된 작품들은 이제 일상적·개인적 이야기의 단순한 진술이 진정한 수필 문학일 수 없다는 사실을 확인케 한다. 수필은 일상사와 개인사의 나열이 아니다. 우리는 흔히 '서사 수필'이라는 용어를 사용하고 있지만, 이 용어에 담긴 의미는 수필이 단순히 작가에게 일어난 사건과 이야기를 서술한다는 의미가 아니라 삶과 세상에서 일어난 사건에 대한 깊은 인식과 사유를 진술하라는 것이다. 수필의 미래를 걱정하는 많은 사람들이 지적해 왔듯이, 우리 수필은 아직도 많은 사람에 의해 일상적·개인적 사건을 진술하는 동어반복의 문학으로 이루어지고 있다. 그리하여 수필이 인생과 세상을 위한 진정한 "이야기와 이야기꾼의 상실"(발터 벤야민)의 전형을 보는 듯한 문학이 되어버렸다. 더 나아가 많은 작가의 작품에서 나타나는 일상성과 개인성이라는 비우호적 현상이 수필의 현재와 미래를 어둡게 하는 숙주宿主라고 해도 지나치지 않다. 이러한 현상이 손쉬운 가벼움의 글쓰기로 인한 진지한 사유의 빈곤, 수준 높고 깊이 있는 언어적 성과의 부재, 반복된 일상적 이야기의 나열로 인한 삶과 세상에 대한 전망의 감쇄는 수필 문학을 갈수록 치명적인 낙후성으로 이끌어 가고 있다.

그러나 제2회 '수필과비평올해의작품상 12'에 선정된 작품들인 강천 〈그림자를 샀다〉, 심선경 〈은빛 줄무늬 옷을 입은 여자〉, 이경희 〈색의 잔상〉, 이에스더 〈시처럼〉, 이성환 〈역린을 건드리다〉, 허정진 〈망치학 개론〉은 수필 문학의 새로운 형식과 이야기의 깊이를 이루고자 하는 노고에 값하는 작품들이다. 여기서 개별 작품에 대한 논평의 여지는 없지만, 최소한 이들의 수필은 '잃어버린 시간'에 대한 맹목적 회상에 그치지 않고 삶의 현재적 의미를 생동하는 언어로 표현하기 위한 긴장을 늦추지 않고 있다. 그리하여 이들은 말의 진정한 의미의 서사성과 현실의 상호 통합과 길항이 우리 수필의 중요한 거점이 되어야 한다는 글쓰기를 위해 노력하고 있다.

3. 경계 넘어서기와 미적 차원의 획득

오늘날 삶의 모든 분야에서와 마찬가지로 문학 분야에서도 인접 장르와의 활발한 교섭과 통합을 이루는 것은 일반화되었다. 아직도 수필 문학을 시, 소설 등의 다른 문학 장르와 구획 짓고 독자성을 고집하는 것은 구태의연한 이야기가 되었다. 모든 문학 분야에서는 영화나 사진을 비롯한 다양한 사이버 문화들과 이종 교배하고자 하는 기획이 뒤따르고 있는 실정이다. 이런 장르 교섭이나 통합이 반드시 수필 문학을 당면한 위기에서 탈출시키는 유일한 대안이 될 수는 없지만, 수필 문학의 본질적 위상과 정체성을 균열하는 역기능을 상쇄하는 방안이 될 수 있을 것으로 보인다.

수필이 당면한 위기를 헤쳐 나가는 방법은 수필의 독자적인 미적 차원을 더욱 수준 높고 완성도 있게 실현하는 길뿐이라고 여겨진다. 일반화의 오류를 무릅쓰고, 시의 아름다운 서정성과 소설의 유기적 구성의 미학을 수필에서도 최대한 도입하고 활용할 수 있어야 한다. 제2회 '수필과비평올해의작품상 12'에서도 수필 문학의 가능성을 시적 수준으로 섬세하고 심미적으로 다룬 수필들, 구활 〈달빛 사냥〉, 김정태 〈재〉, 최운숙 〈낙燃〉, 황진숙 〈선을 읽다〉는 주목을 끌기에 충분했다. 이 작품들이 높은 점수를 얻은 것도 삶과 세상에 대한 맹목적 서사를 이겨내고 새로운 미적 차원의 글쓰기를 위한 노력 덕분이 아닌가 한다.

아직도 이들이 우리 수필을 더 높은 차원으로의 풍요로운 성과를 산출하는 데까지 미치지는 못하고 있지만, 적어도 앞서 지적한 우리 수필의 문제점을 확대 재생산하는 잘못된 관행에서 벗어나고자 하는 의미 있는 경향의 활황이라고 보아도 무방할 듯하다. 이들의 작품에서 이루어지고 있는 수필에서의 시적 서정성과 문학적 상상력의 활력을 위한 노고는 외재적 사물과 현실이 안팎으로 부여한 미학적 가능성을 극대

화하기 위한 노력이라 할 것이다. 이런 문학적 노력은 단순한 일상적 반영으로써의 수필이라는 한계를 벗어나 인간의 보편적인 생의 모습과 존재 원리로 중력을 옮기면서 수필 문학을 더 높은 격조와 품위로 이끌어가기 위한 실천이라고 평가되어도 무방할 것이다.

4. 맺으며 – 바라보아야 할 것, 가야 할 길

앞으로 우리가 바라보아야 할 것과 가야 할 길에 대한 탐색의 고민 없이는 수필 문학의 새로운 도약은 쉽지 않을 것은 자명하다. 수필의 심층적 운명은 삶과 세상의 저편을 응시하며 잃어버린 근원에 대한 그리움과 열망을 현재화하는 가운데 완성될 수 있을 것이다. 문학은 혼돈으로 가득한 불가역적인 삶을 위한 어떤 좌표 같은 것, 잃으며 살아가는 시간과 사건을 우리 앞에 재소환해서 음미하고 그를 통해 미래를 위한 지표를 제시해야 하는 것이다. 이러한 인식이야말로 수필 문학의 존재의의이며 그 문학적 운명을 위해 지켜야 할 과업이라고 할 수 있다. 그러기 위해 우리가 바라보아야 할 것은 많고, 가야 할 길은 멀고도 아득하다. 갈 길 먼 나그네는 베짱이의 노래를 부르며 안주하고 있을 수 없다.

이런 의미에서 제2회 '수필과비평올해의작품상 12' 목록에 선정된 작가들의 어깨는 무겁다. 이들의 작품은 최소한 자신의 글쓰기를 위한 긴장과 모색의 눈길로 가득하다는 사실에 심사위원들은 주목했다. 우리 시대의 삶에서 가장 빈곤한 영역이 무엇이며 이것을 문학적으로 표현해 내기 위한 노력은 어떠해야 할 것인가를 이들은 치열하게 고민하고 있는 것으로 보인다. 문학에서나 삶에서나 '통념에의 안주安住'(장 폴 사르트르)는 번뜩이는 새로운 시선을 불가능하게 한다. 수필 쓰기를 단순한 지적 사치 정도로만 생각하며 안주하는 수필가들에게 수필은 삶과 문학을 위한 축배가 아니라 독배일 수밖에 없다. 수상자들과 수필에 종사하는 모든 분의 앞날에 축복이 가득하길 빈다.

제2회 '수필과비평올해의작품상12' 심사위원회

예심: 권선옥, 김정태, 김정화, 박주희, 송복련, 오금자, 유영희, 제은숙, 진해자, 한복용, 황진숙
본심: 서정환, 유한근, 박양근, 유인실, 엄현옥, 허상문(심사위원장)
(글: 심사위원을 대신하여 허상문 집필)

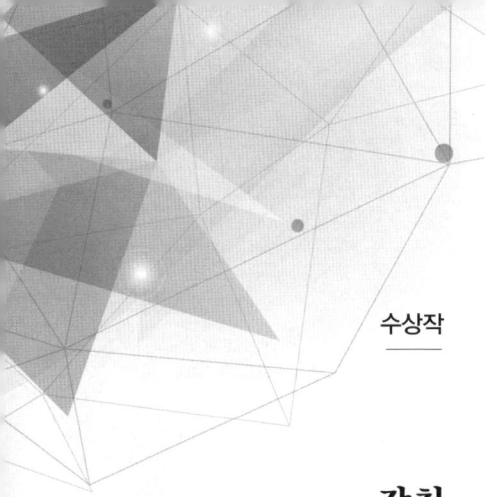

수상작

강천
그림자를 샀다

| 작가노트 |

⋮

───

수상작 외 2편

〈나비의 출근길〉
〈봄에게〉

강천
2010년 《수필과비평》 등단
수필집: 《혼자 웃네》, 《고마리처럼》, 《창, 나의 만다라》
수상: 황의순문학상, 아르코 문학창작기금 선정

| 수상작 |

그림자를 샀다

그림자를 샀다. 소유권의 상징인 계약서 따위는 쓰지 않았다. 주요 결제 수단으로 사용하는 금전이 오가지도 않았다. 마음과 마음으로 통했다. 가장 전통적이고 아름다운 방법, 물물교환이었다.

거래 상대는 삼백 살 어림의 팽나무다. 그가 그림자의 사용권을 내게 주는 대신 앞으로 무시로 찾아와서 바라봐 주고 말동무가 되어 주기로 했다. 내가 상상하기 힘든 오랜 세월을 살아오면서 정붙이나 마음 줄 벗 하나 없었겠는가만, 식물의 숲이 사람의 공원으로 변하면서 모두 내쫓겨 버렸다. 키 작고 여린 나무들은 다 베어졌다. 지렁이며 개구리, 여치가 활개

치던 풀밭은 딱딱한 자갈돌로 뒤덮였다. 목마름을 견디며 어떻게든 싹을 틔워 올린 풀들은 잡초라는 이름으로 곧바로 제거당하고 만다. 겨우 살아남은 큰 나무들은 밑동을 그대로 드러낸 채, 멀찍이 서서는 소 닭 보듯 서로 멀거니 바라보고만 있다. 상황이 이러니 약간의 불공정을 감수하면서도 이 단독 거래에 응한 것이리라.

뜬금없이 나무 그림자를 사러 갔던 이유는 이런 구절을 만났기 때문이다. 장자가 세상이 올바르게 돌아가지 않는다고 탄식했다. 이 말을 들은 현명한 어부가 선생은 아무런 관직도 지위도 없으면서 분수에 맞지 않게 혼자 온 세상 걱정을 다 하니 근심이 생긴다고 했다. 어찌하면 좋으냐고 물으니, 어부는 그림자 이야기를 들려주었다.

어떤 사람이 자기 그림자가 두렵고 자기 발자국이 싫어서 이것들을 떠나 달아나려 하였다. 그런데 발을 자주 놀릴수록 발자국은 더 많아졌고 아무리 빨리 뛰어도 그림자는 떨어지지 않았다. 그는 자신이 더디게 달리기 때문이라고 생각하고 더 빨리, 쉬지도 않고 달리다가 결국 쓰러져 죽고 말았다. 만약 그가 그늘 속에서 가만히 쉬고 있었다면 그림자도 발자국도 생기지 않음을 몰랐기 때문이라고 했다.

내가 처지가 딱 이랬다. 요즘 들어 더욱 빈번해진 행사들에 부담을 느끼고 있었다. 억지춘향으로 참여는 하지만 다녀와서도 개운하지 못한 앙금이 남는다. 잦은 접촉이 쓸데없는 말을 낳기도 하고, 허물없음이 오히려 오해의 소지가 되기도 했다. 불합리와 부당을 입에 담는 순간 조직의 가시랭이로 변한다. 사람과의 관계에 어려움이 생기고 상심이 생겼다. 생각이 생각을 낳았다. 차라리 어부의 말처럼 가만히 쉬면서 나서지 않았으면 겪지 않아도 될 심화였다. 전부 오지랖 넓힌 내 그림자였고 내 발자국이었다. 이런 차에 단비 같은 문구를 대면했으니 당장 나무 아래로 달려올밖에.

공원 바닥을 다지면서 훤하게 드러난 뿌리를 내 전용 자리로 정했다. 나무로 보자면 동북쪽이라 정오 무렵부터 내내 그늘이 드리우는 장소다. 둥치가 두어 아름을 훌쩍 넘기는 데다 키도 이십여 미터에 이를 만큼 장대하다 보니 나 하나 정도 보듬기에는 차고 넘친다. 자리로 보자면 보드가야의 보리수나무보다 못하다고 말할 수는 없을 터.

나무 그림자 안으로 들어서서 호흡을 고른다. 무슨 드높은 경지까지는 아닐지라도 지나온 삶의 성찰과 고요한 사색을 꿈꾸며. 아직은 준비가 덜 된 탓인가. 채 숨이 가라앉기도 전에 나를 품은 그림자가 변덕을 부린다. 믿음직한 덩치와는 달리 자꾸만 꼼지락댄다. 나무가 잎을 흔들면 그림자는 춤을 춘다. 슬금슬금 옮겨가면서 모양새를 바꾼다. 잠깐씩 햇살에 길을 터주며 집중을 방해한다.

앉아 보니 알겠다. 그림자의 장난질에 덩달아 허둥거리는 내 심지의 얄팍함을. 나무는 '잠시도 멈출 수 없는 이것'이 네 마음의 실체라는 사실을 알려주고 싶은 모양이다. 아직은 떼려 하면 할수록 더 진하게 드리워지는 마음의 그림자.

마음이야 이러거나 저러거나 몸은 그림자 안으로 들어와서 멈추었다. 과연, 내 육신의 그림자는 옅어졌고 발자국도 더는 만들어지지 않았다. 시끄럽게 들리던 매미 소리에 음률이 실린다. 찌는 듯 짜증스러웠던 공기에 선선함이 묻어온다. 꼬물꼬물 개미들이 무너졌던 흙 탑을 다시 쌓아 올린다.

| 작가노트 |

 세수를 하려다가 세면대로 잘못 찾아들어 온 거미 한 마리를 발견했습니다. 생각해 볼 겨를도 없이 본능적으로 물대포를 쏘아 하수구 속으로 쓸어 넣어 버렸습니다. 오후에는 나무 향 가득한 마을 숲 공원에 앉았습니다. 자연 친화적이며 생태를 배려하는 글을 쓰고 싶어서입니다. 고백하건데 나의 현실과 글은 이렇게 이율배반적입니다.

 글머리를 잡을 때마다 고민하고 갈등합니다. 꿈틀거리며 기어가는 벌레를 밟을까 걱정되어 발걸음조차 조심하는 사람이 자연을 사랑하는 환경보호주의자일까요. 농작물을 가꾸려 잡초를 뿌리째 뽑아 버리는 농부는 못된 농사꾼일까요. 생명을 살린다는 동정심으로 모기를 창밖으로 내보냈다고 뿌듯해해야 하는 걸까요. 멧비둘기를 노리는 길고양이를 혼내주면 근원적 순리에 개입했으니 천벌을 받아야 하는 걸까요.

 오늘의 거미 한 마리가 아니더라도 나는 알고 있습니다. 대분의 경우 본능이 이성을 앞섰다는 것을 말입니다. 그럼에도 나는 자연친화주의자인 양 글을 씁니다. 이 모순덩어리 글을 말입니다. 이렇게 걸어가는 글 길이 과연 올바른 길일까요. 두렵습니다.

사족 같은 변명이지만, 본능을 거부하는 이성적인 삶이 과연 가능하기나 한 걸까요. 누구나 조금은 부족하고, 약간의 가식이 있지 않겠느냐는 궁색한 합리를 위안 삼으며 글 길을 걸어보려 합니다. 지금 당장은 미치지 못하겠지만, 반복되는 자기 암시를 통해서 원하는 방향으로 조금씩 나아갈 수 있다는 믿음을 가지고서.

어느 독자가 어불성설이라며 나무란다고 해도 반박할 논리조차 마련하지 못한 글이지만, 그래도 꾸준히 써보려 합니다. 수필이 내 삶을 좀더 진정성 있게 만들어 줄 것이라는 기대가 있기에.

| 수상작 외 2편 |

나비의 출근길

배칠배칠 나비 한 마리가 사거리 건널목으로 날아온다. 지금은 막 해 뜨는 때, 나비가 나돌아다니기에는 아직 이른 시간이다. 힘없는 날갯짓이 어딘지 어수룩해 보인다. 지난밤 잠자리를 잘못 고른 탓에 아침 산책 나온 사람의 발길질에 내쫓겼나 보다. 이슬 젖은 날개를 말리는 데만 해도 한참이나 공을 들이는 게 날벌레들인데 벌써 움직이려니 몸이 저리 무거울 밖에.

 내가 서 있는 이쪽은 아파트가 빼곡한 사람의 영역이다. 길 건너에는 강변을 따라 풀숲이 있어 나비가 먹이를 찾거나 짝을 만날만한 생활공간이 있다. 이왕 잠을 설쳤으니 서둘러 삶터로 가고 싶은 모양이다. 이리로 다가오는 도중에도 몇 번이나 무단횡단을 시도했지만 달리는 차들에 가로막혀 번번이 밀려났다. 드디어 건널목, 아직 정지신호인데 막무가내로 돌진이다. 높이나 날든지, 겨우 무릎 정도에서 하느작대는 모습이 영 불안하다. 왕복 8차선인 꽤 큰 대로다. 비실비실한 저 모양새로 이 넓은 도로를 무사히 건널 수나 있을는지. 그나마 지금은 도로가 한적한 시간이란 게 다행이라면 다행이랄까. 목숨을 건 나비의 모험에 눈길이 떨어지지 않는다.

차선 하나를 겨우 다 건너갈 즈음 이삿짐을 실은 트럭이 속력을 내어 다가온다. 저대로 가다가는 충돌할 것이 뻔한 데도 아는 듯 모르는 듯 앞으로만 나아간다. 휘익, 둘이 엇갈렸다. 부딪혀서 땅에 떨어졌을까, 아니면 아래로 빠져나왔을까. 어디로 갔는지 종적이 묘연하다. 보이지 않는 나비를 찾아 두리번거리다 괜스레 한숨을 내쉰다. 산목숨이라는 게 이리도 허무한 것을. 미처 알아챌 틈도 없이 생사가 바뀌어 버리다니. 나비의 연약한 몸이야, 저 무쇠 덩어리와 스치기만 해도 저승길이 아닌가.

어라, 저 녀석이 살아 있었네. 어설픈 비행 덕분에 옆으로 떠밀렸는가 보다. 이쪽으로 한참이나 도로 밀려나서는 중심을 잡느라 퍼덕이고 있다. 한숨을 골라서인지 위험을 감지해서인지는 모르겠지만 이번에는 제법 높이 날아오른다. 후퇴를 모르는 불굴의 전사처럼 또 전진이다. 세 번째 찻길로 커다란 시내버스가 저승사자처럼 달려온다. 누가 이기나 보자는 듯 둘 다 멈출 기미가 없다. 기어코 나비의 옆구리로 버스가 들이닥쳤다. 차보다 조금 높이 난 듯해서 안도하고 있었는데 또다시 눈길에서 사라져 버렸다.

높다란 버스가 일으키는 상승기류를 타고 힘을 얻었던 모양이다. 일 차선과 중앙선까지 넘어 반대편 길 위를 신나게 날고 있다. 아래로 씽씽 달리는 자동차들을 내려다보기까지 하면서. 참 알다가도 모를 일이다. 죽을 고비를 넘기더니 도리어 팔팔해져 저리도 가벼운 날갯짓이라니. 새옹지마라고 했던가. 비록 아슬아슬하기는 했지만 곤경에서 벗어난 여파로 오히려 다음 차도의 위험을 피하게 되었으니 말이다. 어찌 되었건 분명한 것은 나비가 의도해서 이 상황이 만들어진 게 아니라는 사실이다.

바람 덕분에 잠시 수월한 듯하더니 뜻밖의 길운도 이제 그 힘을 다했나 보다. 선로 두 개를 남겨놓고는 점점 아래로 주저앉기 시작한다. 그나마 차량이 뜸하니 조금 더 힘을 낸다면 무사히 건널 수 있으리라. 몸이 천근으로 무거워 보이지만 나비는 결코 날갯짓을 멈추지 않는다. 드디어 마지막 차로 반쯤을 지난다. 깜박깜박 우회전 등을 켠 승용차가 미끄러져 오고 있다. 우연을 가장한 필연으로 서로 엇비껴 스친다.

횡단보도에 푸른 등이 들어 왔다. 우르르 사람들이 길을 건넌다. 나는 차마 앞설 수가 없어 맨 뒤에서 미적거린다. 생사를 확인하기가 두려워서다. 나비는 살기 위해 죽음을 무릅쓸 수밖에 없었다. 무엇 때문인지도 모른 채 어느 순간 닥쳐온 풍파에 이끌려 들어가 파닥였다. 살아보려고 아무리 애를 써도 불가항력의 재앙 앞에서는 헤어날 도리가 없었다. 어쩌랴, 삶과 죽음은 아등바등 살아가는 모든 생명의 태생적 숙명인 것을. 요행을 바라며 다시 나비를 찾는다.

있다. 보도블록 틈새로 돋아난 풀 이삭에 주저앉아 헐떡이고 있다. 나비는 만신창이가 된 날개로 죽을 고비를 몇 번이나 넘기고 이렇게 살아남았다. 그래, 가쁜 숨이나마 숨 쉬고 있다는 사실보다 중요한 게 어디 있으랴. 삶의 순간순간이 언제 생사기로가 아니었던 적이 있었던가. 이제 고난은 끝났으니 네 가고 싶은 곳으로 훨훨 날아가 보렴.

눈인사를 마치고 올려다보는 하늘. 나비가 다시 날아올라야 하는 그 파란 하늘. 가로등 사이에는 밤새 굶주린 무당거미가 삼중의 천라지망을 펼쳐놓고 조용히 지켜보고 있다.

| 수상작 외 2편 |

봄에게

봄아, 너는 지금 어디쯤 오고 있니. 너와 함께 나의 삶이 시작되리라 하여 우리 만남을 무척이나 기대하고 있었단다.

내가 사는 곳은 푸른아파트야. 그냥 푸른이 아닌 더푸른아파트. 이름이 말해 주듯 삼십여 년 동안 터줏대감으로 자란 나무들이 무성한 숲을 이루고 있는 곳이지. 도심에서 이만한 공간을 만나기가 그리 쉬운 일은 아니란다. 그래서 나는 이 '푸른'이라는 이름에 자부심을 가졌어.

내가 태어난 날은 무더운 여름날이었단다. 눈을 떴을 때, 처음 만난 그들은 나를 아주 소중하게 생각하는 듯했지. 장막을 치듯 겹겹이 가려 세상에 노출하지 않으려 했어. 햇살이 뜨거울까 온몸으로 막아주고 비가 오면 가림막이 되어 주었지. 한편으로는 세상모르는 내게 쉴 새 없이 소곤거렸어. 대대로 이어져야 할 이야기라면서 자기들의 앎을 우격다짐으로 각인시켜 놓고서는 어느 가을날 훌훌 떠나 버렸지.

나는 이와 같이 들었어. 아파트에 봄이 오면 매화향이 온 동네에 가득하다고. 백목련이 하얀 등불을 내거는 밤은 봄 축제의 전야제 날이라고. 노랑 개나리로 울타리를 만들고 연분홍 진달래로 잔칫상을 차린다고 했지. 왕벚나무에 꽃이 들면 잔치의 절정이라고. 민들레, 꽃등에, 딱새들, 입주민 모두가 행복한 날이라고. 꽃들의 공연이 끝나면, 엷은 빛 연두로 펼쳐질 우리네 이파리들의 세상이 기다리고 있노라고.

또 이와 같이도 들었어. 너의 이름은 겨울눈이라고. 너는 장차 처진개벚나무의 이파리가 될 것이라고. 앞으로 닥쳐올 지독한 겨울 시련을 홀로 이겨내어야 한다고. 절대로 꽃보다 세상 밖으로 먼저 나와서는 안 된다고도 들었지. 그때는 몰랐지만 그들이 떠나버린 지금에야 알겠네. 잘 보이지도 않는 싹눈 하나를 왜 그리도 애지중지하며 미주알고주알 이었는지를. 잎 아래에 겨울 잎눈, 꽃 아래에 겨울 꽃눈, 지마다 제 꿈을 심어놓았다는 걸.

갑자기 아파트가 부산해진다. 전기톱 소리도 요란하다. 고가 사다리가 뱀 대가리처럼 고개를 치켜들더니 우지끈 반 아름이 넘게 자란 느티나무 둥치가 사정없이 잘려 나간다. 이게 무슨 날벼락일까. 이런 사달이 있다고는 들은 적이 없었는데. 우리들이 좋아서 이름까지 더푸른으로 바꾸었다 하였거늘.

지나던 주민이 "왜 멀쩡한 나무를 자르느냐."고 항의하는 소리가 들리고 "법 때문"이라는 말도 들린다. 일조권인가 조망권인가 하는 것 같기도 하고, 숲이 너무 짙어 무섭다는 민원이 있었다는 말까지도 오간다. 이럴 바에야 무엇 하러 몇십 년이나 정성을 들여가며 수형을 다듬었다는 말인가. 가지치기 정도가 아니고 아주 본줄기를 통째로 잘라내고 있다. 남아 있는 몰골이라고는 두어 길 어림의 매끈한 밑둥치뿐이다. 저 꼴로 만들어 놓고서 '조경했다.'는 보고서를 써야 한다며 사진기까지 들이댄다.

내 차례가 점점 가까워져 온다. 키다리 메타세쿼이아를 지나 멋쟁이 은행나무, 떡대 같은 팽나무마저 둔탁한 비명만 남기고 허물어졌다. 억울하다. 법 절차에 따라 입주하였고 법으로 정해진 소임을 충실하게 이행했다. 나무숲이 우거져 읍내에서 제일 살기 좋은 곳이라는 부동산 소장님의 말씀에 어깨가 으쓱하기도 했다. 그런데 이게 뭐란 말인가. 동네방네 자랑질할 때는 언제고 인제 와서 법 조항을 들먹이며 낯빛을 바꾼다.

어떤 차별도 존재하지 않는다던 법. 그놈의 법은 언제나 이랬다. 허가 조건을 위한 눈가림이었고, 책임 모면을 위한 방편일 뿐이었다. 번거로운 일이라도 생기면 톱자루를 쥐었던 이들은 슬그머니 사라져 버리고 말 한마디 못 하는 우리에게만 원칙의 잣대를 들이댔다. 수박 덩어리처럼 눈에 훤히 보이는 자신들의 과오는 밀쳐놓고 배추씨만 한 꼬투리를 잡아서는 가차 없이 살점을 도려냈다. 가위질 하나에도 법을 들먹이다가 제 공치사가 필요할 땐 언제 그랬냐는 듯 화해의 거름을 슬그머니 던져 놓았다. '법대로 했다.'라고 쉬이 말하지 마시라. '도를 말하는 자는 도를 알지 못하는 자'라는 말도 있으니. 세상 어느 법규에 바지랑대만 남겨두고 나무를 잘라버리라는 조항이 있는지 따져 보고나 싶다.

 폭풍이 지났다. 내 윗동과 아랫동아리가 따로 썰려 나갔다. 토막토막 잘리어 포개진 둥치와 갈가리 찢긴 가지들이 나란히 누웠다. 같은 처지로 거꾸로 처박혀 있는 회화나무를 바라본다. 저항조차 할 수 없다는 사실에 절망한 저 낯꼴. 하소연을 생으로 꿀꺽 삼키려다 숨통이 막혀버린 나처럼 새하얗게 질렸다. 한때는 신성한 나무라며 특별대접을 받기도 하였건만.

 나는 이런 말은 들어보지 못했다. 내 삶이 자의를 저당 잡힌 채 타자의 손에 의해 결정된다는 말. 공존은 책상머리에 앉아 자판이나 두드려 대는 자들의 편의를 위한 그들만의 단어였다는 말. 성가심 회피를 위해서라면 비루한 나무 몇 그루 따위는 눈길의 대상조차 아니라는 말. 그들의 심보가 이리도 좁아터졌다는 말.

그나마 나를 보호하고 있던 아린도 힘을 잃었다. 가지 하나도, 이파리 하나도 남겨두지 못했으니 저 밑동만 멀건 나무는 어떻게 남은 생을 살아낼까. 자자손손 이어져야 할 이야기를 전하지 못한 죄는 또 어찌 감당해야 하나. 더푸른아파트를 푸르게 하지도 못했으니 애증 어린 이 이름인들 누가 있어 지켜 갈까.

 갈증이 몰려온다. 졸음이 쏟아진다. 인제 그만 떠나야겠어. 아파트야 미안해. 깃들어 살아야 할 새들아, 매미들아 미안해. 꿈에 부풀어 찾아올 새봄아, 너에게는 더더욱 미안해.

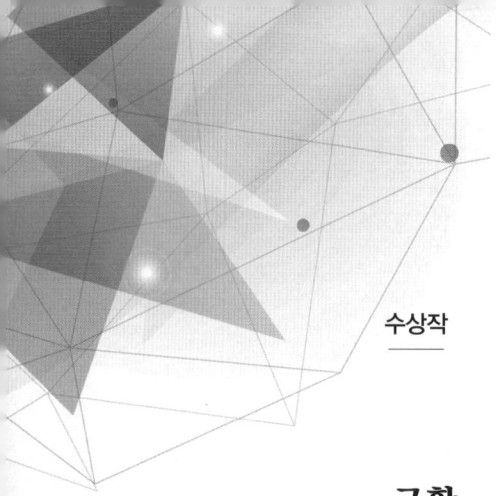

수상작

구활

달빛 사냥

| 작가노트 |

⋮

───

수상작 외 2편

〈기차는 돌아오지 않았다〉
〈무엇이 되어 다시 만나랴〉

구활

경북대 영문학과 졸업
매일신문 문화부장, 논설위원
수필집: 《그리운 날의 추억제》, 《아름다운 사람들》, 《겨울 원두막》,
　　　《물볕 마을》 외 다수
수상: 1999년 제17회 현대수필문학상, 2002년 제20회 대구문학상,
　　　2003년 제17회 금복문화예술상, 2020년 제25회 신곡문학상 대상

| 수상작 |

달빛 사냥

달빛 유혹을 뿌리치지 못한다. 처음에는 옛 선비들의 시에 나타난 달이 무작정 좋더니만 날이 갈수록 하늘에 덩그렇게 뜬 달이 그렇게 좋을 수가 없다. 요즘은 부스럼처럼 하늘에 달이 돋으면 월월교月月敎 신도가 된 것처럼 맘속으로 경배를 드린다. 때로는 함께 노닐어 보려고 달이 빠져 있는 동쪽 강을 향해 무작정 걸어 나가기도 한다.

초승달보다는 반달이 좋고 반달보다는 보름달이 좋다. 〈월하독작月下獨酌〉이란 걸출한 시를 지은 이백의 영향이기도 하고 음력 칠월 보름인 기망날 황강에서 뱃놀이를 즐긴 소동파의 〈적벽부赤壁賦〉 탓이라 해도 무방하다. 괜히 멋부리기를 좋아하는 사람들이 "실눈 같은 그믐달이 좋으니." 하고 우겨대지만 만월의 아름다움엔 비길 바가 아니다. 그렇다고 옅은 구름 속에서 숨바꼭질을 하는 기운 반달이나 슬픔이 묻어 있을 것 같은 페르시아 단도의 굽은 칼날 같은 초승달이 아름답지 않은 것은 아니다.

어릴 적부터 밤하늘을 좋아했다. 밤하늘에는 우선 달이 있고 무리지어 흐르는 은하가 있다. 모든 생명이 있는 것들은 움직인다고 했는데 별밭 속의 별들도 흐르다가 지치면 별똥별을 만들어 팔매질을 한다. 얼마나 아름다운가. 알퐁스 도데 선생은 〈별〉이란 글을 쓰면서 목동과 주인 집 소녀의 가슴 속에 푸른 별 하나씩을 심어 주었듯이 내 가슴 속에도 오래전부터 찬란한 밤하늘이 둥지를 틀고 밤마다 무수한 얘기들을 풀어놓는다.

외박하고 돌아온 누이의 뿌연 얼굴 같은 낮달은 좋아하지 않는다. 달이라면 그래도 불그스레한 화장기 있는 얼굴에 계수나무 가지로 약간의 우수를 드리워야지 선크림만 잔뜩 처바른 그런 모습은 딱 싫다. 몇 년 전인가. 음력 칠월 보름에 맞춰 지리산 종주에 나선 적이 있다. 첫날은 성삼재에서 연하천을 거쳐 벽소령 산장에서 짐을 풀었다. 산행의 기쁨을 술 한잔으로 추슬렀더니 그 아름다운 기억이 새벽 두 시에 오줌 기운으로 돌아 나왔다.

산장 안에는 화장실이 없다. 밖으로 나왔다. 초저녁에 만나지 못한 서 말들이 가마솥 뚜껑보다 더 큰 백중 달이 바로 내 머리 위에 떠 있었다. 얼마나 밝고 환하던지 신문의 작은 활자도 안경 없이 읽을 수 있을 정도였다. 감격과 감동이 동시에 밀려왔다. 오! 하나님, 제게 이런 축복을 내려 주시다니요. 능선의 밤공기는 초겨울처럼 쌀쌀했지만 산장 안으로 들어가지 않았다. 오늘밤 달과 함께 즐기지 못하면 평생토록 후회할 것 같아서였다. 달과 나의 거리는 내 긴 팔을 뻗으면 손끝에 닿을 듯이 정말 가까웠다. 이렇게 큰 달이 뿜어내는 아우라의 축복을 내 혼자서 받는 것은 난생처음이다.

또 한 번은 진묵대사의 게송 한 줄을 읽고 강화 석모도 보문사로 달려간 적이 있다. 보문사 눈썹바위에 올라 해명산을 거쳐 전득이고개로 달려가면 바로 석모도 선착장으로 내려갈 수가 있다. 해 질 녘 능선 길 종주 중에 만날 수 있는 태양이 다비를 마치고 열반에 드는 일몰 장면은 돈 주고도 볼 수 없는 절경이다. 개펄 너머로 번져가는 짙은 암회색 톤의 바다 풍경은 한두 개의 물감만으로 쓱쓱 문질러 그린 정말 담백한 그림이다. 거기에다 떠오르는 보름달을 마지막 고갯마루에서 볼 수 있다니 이걸 어떻게 표현해야 하나.

대사의 게송은 "달 촛불 구름 병풍에 바다는 술독이 되네."라는 것이었는데 그게 가슴에 불을 질렀다. 이렇게 아름다운 달과 구름과 술의 유혹을 뿌리친다면 어떻게 풍류를 논할 수 있겠는가. 마음먹고 달려갔으나 마침 하나님은 동네 주막에

나가 계시는지 일몰은커녕 월출조차 보여 주지 않았다. 다만 머드팩을 온몸에 뒤집어쓰고 드러누워 있는 무채색의 서해 개펄만 지겹도록 보게 하여 그 기억만 선연할 뿐이다.

달을 볼 때보다 못 볼 때가 더 많은 나의 달빛 사냥은 좀처럼 끝나지 않았다. 그렇지만 기도하듯 달맞이에 나선다. 내가 월월교에 대한 신심이 더 깊어진 까닭일까, 아님 내가 맛이 가도 한참 간 것일까. 요즘은 한술 더 떠 붉은 달과 마주앉아 술잔을 기울이며 풀벌레 소리에 맞춰 춤도 추고 싶어진다. 여치와 배짱이란 놈들은 어미가 작년에 불렀던 그 노래를 배운 적이 없는데도 음정 박자 하나 틀리지 않고 시원스레 불러 젖히겠지.

지난해에도 칠월 기망에 맞춰 변산의 월명암月明庵에 뜨는 달을 보기위해 이박삼일 일정으로 서해 쪽으로 떠났다. 낮시간을 도반들과 함께 선유도에서 보내고 돌아오니 암자에서 달을 즐길 시간이 어긋나 버렸다. 밤안개가 깔린 급경사 하산 돌길에 넘어지는 사고를 당할까봐 땀 바짝 흘리며 올라갔던 산길을 되돌아 내려오고 말았다.

나는 여태 세상에 편들며 살아왔는데 달은 왜 내 편을 들어 주지 않는가. 달이 메르스 같은 전염병에 걸려 위독해지면 어쩌려고 그러는지 모르겠다. "인생은 나에게 술 한 잔 사주지 않았다."고 노래한 시인이 있지만 암자의 달은 나에게 술상 펼 기회조차 주지 않았다. 나의 버킷 리스트(Bucket list)

에 적혀 있는 '월명암 달빛 사냥'은 여전히 미완의 소나타로 남아 있다.

| 작가노트 |

 구활의 풍류는 인간과 자연과 문학을 통섭한다. 자연의 울림을 흥과 멋의 문학 언어로 바꿀 수 있는 감수성은 유년기부터 나타나고 있다. 무엇보다 그의 해석은 책과 학교에서 배운 것이 아니라는 점에서 속진을 초월하는 달관과 다를 바 없다.

 구활이 추구하는 풍류의 매력은 풍월수風月水에 한정되어 있지 않다. 만일 풍류가 '멋스럽고 풍치 있는 일'이라면 창조적 풍류는 미물조차 경건하게 영접하는 방식이라고 하겠다. 그 백미가 〈산중 친구〉이다. 구활의 가장 친밀한 산중 친구는 누구일까. 송죽松竹이나 풍월이 아니다. 수석도 십장생도 아니다. 바위 밑 가재가 그것이다. 가재와 노는 모습을 묘사한 단락을 놓치지 말 것이다. 최고의 풍류는 선仙과 해학이 어울린 경지임을 알 수 있으니까.

― 박양근의 〈구활 작가론〉에서

| 수상작 외 2편 |

기차는 돌아오지 않았다

추억은 자란다. 나이만큼 성숙하고 키만큼 성장한다. 옛 기억들은 날이 갈수록 희미해져 날짜와 장소는 물론 자신의 행위까지도 잊어버릴 수 있다. 그러나 기억의 알맹이인 그리워하는 마음은 추억으로 숙성되어 술빵처럼 부풀어 오른다. 세월의 빠르기는 나이에 비례한다. 기억이 추억으로 변화되는 속도 역시 시간의 속도와 비슷하게 여물어지고 익어 간다.

 연인은 떠나보낼 수 있지만 그녀가 지고 떠나는 추억에겐 작별을 고할 수 없다. 추억회상작업은 희미한 옛일을 떠올려 그리움을 즐기는 단순한 놀이다. 추억은 옛날에 있었던 사실만이 아니라 세월이 지나면서 튀겨지고 부풀어져 아름다운

이야기로 윤색되어 있기 마련이다. 그래서 사람들은 너나없이 자신의 낡은 이야기들을 새롭게 채색해 가는 추억놀이를 즐기고 사랑한다.

추억은 세월이 가면 갈수록 곰삭아 건더기가 남지 않는 까나리 액젓과 같다. 마음 깊은 곳에서 끄집어낸 오래 묵은 기억의 토막들은 모두가 아름답게 치장되어 있다. 비겁하고 치사하게 저지른 과거까지도 스스로 용서하고 화해하면 추억의 차원으로 승화하게 된다. 그래서 '과거가 있는 여인'이란 말 속엔 부끄럽게 저질러진 잘못이 내포되어 있지만 '추억을 간직한 여인'이란 말뜻 속엔 아련한 그리움이 어른거리게 된다.

나는 삶의 추억들을 수정하는 밑칠 작업을 수시로 수행한다. 그럴 때마다 쓰리고 아픈 음악을 들으며 함께 웃거나 울며 치유한다. 좋아하는 대표곡 중의 하나가 그리스의 성악가이자 가수인 아그네스 발차가 부른 〈기차는 여덟 시에 떠나네〉(To Treno Fevgi Stis Okyo)란 명곡이다. 이 곡은 그리스 출신 세계적인 작곡가 미키스 테오도라키스가 독재정권에 맞서 싸우다 산화한 친구를 애도하기 위해 만든 슬픈 곡이다.

그는 동족상잔의 내전, 나치 독일의 침범, 군부 쿠데타 등 한스러운 조국의 비애와 레지스탕스의 투쟁을 응원하는 가락이 곡의 곳곳에 숨어 있다. 그가 작곡한 음악은 1967년부터 연주가 금지되었으며 음반청취까지 허용되지 않았다. 군부가 그를 군사재판에 회부하여 구속시킨 걸 보니 한때 우리나라 사정과 매우 흡사함을 느낀다. 이에 레너드 번스타인, 해리 벨라폰테, 작가 아서 밀러 등 유명인사들이 구명운동에 나서 1970년 석방되어 프랑스 파리로 망명했다. 테오도라키스는 2021년 9월 2일 96세를 일기로 영면에 들었다.

이 노래는 전 세계인들이 좋아하는 명곡이지만 노래를 부른 가수도 빼어난 명인이다. 아그네스 발차(Agnes baltsa)는 그리스 네프카스 섬 출신으로 타고난 애잔한 목소리로 사랑하는 레지스탕스 청년과의 이별의 서러움을 흥건하게 적셔낸다. 거기에다 그리스의 민속악기인 부주키(Bouzouki)가 가수의 등 뒤를 따라가면서 투쟁과 한을 버무린 듯한 정서를 잘 표현하고 있다.

카타리니행 기차는 8시에 떠나가네/ 11월은 내게 영원히 기억 속에 남으리/ 함께 나눈 시간 들은 밀물처럼 멀어지고/ 이제는 밤이 되어도 당신은 오지 못하리/ 비밀을 품은 당신은 영원히 오지 못하리/ 기차는 멀리 떠나고 당신 역에 홀로 남았네/ 가슴 속에 이 아픔을 남긴 채 앉아만 있네

이 노래는 나치에 저항했던 청년이 만나기로 약속한 역으로 돌아오지 못하고 카타리니로 떠나버리자 애틋한 심정을 그린 연가이다. 연인을 만나지 못하고 떠난 청년의 가슴속엔 사랑보다는 밀서를 전달해야 하는 나라의 안위가 더 중요했

다. 청년은 끝내 돌아오지 못하고 적의 총탄을 맞고 숨진다.

그리스에는 〈나타샤〉라는 영화가 이와 비슷한 시기에 제작된 적이 있다. 나치에 항거하는 파르티잔이 되기 위해 기차를 타고 떠나는 청년의 뒤를 맨발로 쫓아가는 금발 처녀의 모습을 찍은 일품 영화다. 청년이 떠나버리자 나치 장교가 된 이웃 청년이 나타샤에게 사랑을 고백하지만 단호히 거절한다. 그녀는 구사일생으로 돌아온 연인과 함께 정전이 멀지 않은 어느 날 수색작전에 뛰어든다. 청년은 나치의 총탄에 쓰러지고 나타샤만 목숨을 건져 고향으로 돌아온다.

아그네스 발차의 〈기차는 8시에 떠나고〉 음악을 자주 듣고 즐기는 것은 내게도 그만한 사연이 있기 때문이다. 군에서 육군 소위로 근무하던 젊은 시절 휴가를 얻어 친구 둘과 고향 강변에서 군용 A형 텐트를 치고 캠핑을 하고 있었다. 마침 산책 나온 소녀와 어울려 막걸리를 마셔 가며 동요에서 유행가요까지 알고 있는 노래를 죄다 불렀다.

그 후 3일 동안 우리는 오빠 집에 다니러 온 소녀를 기다렸고 그녀 역시 강물에 뜬 윤슬 속에 흐느적거리는 달구경을 핑계 삼아 캠핑 사이트로 찾아오곤 했다. 강변에서의 사랑은 단지 삼일, 그때 우리는 입술이 마주치는 불꽃놀이를 했던가? 기억이 가뭇하네. 소녀는 "내일 오후 4시 기차를 타고 떠난다."고 했다. 소녀는 친구들이 헛눈 파는 사이에 아직 피지도 않은 청춘의 장미 한 송이를 던져 주며 "역에 나와 배웅해 줄 수 있어요."라고 속삭이듯 말했다.

　나는 레지스탕스 청년이 아닌 다만 휴가 나온 군인일 뿐인데 기차역에서 이별의 주인공이 되다니. 요즘도 아그네스 발차가 부른 〈기차는 8시에 떠나고〉란 음악을 들을 때마다 내 의식은 기억이 추억으로 변해 버린 강변으로 달려간다. 기차는 내 고향 하양역을 떠난 후 다시는 돌아오지 않았다.

| 수상작 외 2편 |

무엇이 되어 다시 만나랴

시인 김광섭의 〈저녁에〉란 시는 절창이다. 그 시를 읽고 사무치는 그리움을 그림으로 표현한 것이 수화樹話 김환기의 〈어디서 무엇이 되어 다시 만나랴〉라는 명화다. "저렇게 많은 별 중에서/ 별 하나가 나를 내려다본다/ 이렇게 많은 사람 중에서/ 그 별 하나를 쳐다본다/ 밤이 깊을수록/ 별은 밝음 속에 사라지고/ 나는 어둠 속에 사라진다/ 이렇게 정다운/ 너 하나 나 하나는/ 어디서 무엇이 되어/ 다시 만나랴."

'무엇이 되어 다시 만나랴'는 구절은 이별을 해 본 이들은 저마다 소리 죽여 고함지르고 싶은 함성이다. 이 구절의 속사정을 예리하게 지적한 우스갯소리가 있다. "첫사랑 연인이 잘살면 배 아프고, 못살면 가슴 아프고, 같이 살자면 머리 아프다.' 딱 맞는 말이다. 그래서 이 구절은 회상의 언덕 저 너머에 있는 희미한 옛사랑의 그림자를 반추하는 헌시에 불과하다.

나는 서해 신안군 안좌도에서 김환기 화백을 만났다. 이미 죽은 사람이라고 못 만날 리가 없다. 기억으로 만나고, 흔적으로 만나고, 그리움으로 만날 수 있다. 화가의 생가인 안좌도 읍동리에서 그리 멀지 않은 곳에 민박집을 정한 후 바닷바람이 코끝에 닿는 감촉이 너무 산뜻하여 밖으로 나왔다.

하늘에는 별들의 잔치가 벌어지고 있었다. 시골의 별들은 어두운 밤이 되어야 겨우 모습을 드러낸다. 별들은 밤마다 모여 은하를 이루고 갈 길이 바쁘면 별똥별이 되어 미끄럼을 탄다. 나는 별들 틈에서 서성대는 화가를 그렇게 만난 것이다.

화가는 뉴욕 생활에 권태가 깃들 무렵 〈저녁에〉란 시를 읽고 깜짝 놀란다. 잊고 있었던 고향을 찾은 것이다. 그는 큰 캔버스(172×232)를 끄집어내 점을 찍기 시작했다. 화가는 점 속에 바다를 그린 것이다. 화가는 하루 16시간 씩 바다를 그리며 "내가 그리는 점들이 총총히 빛나는 별만큼이나 했을까. 눈을 감으면 더 환해지는 우리 강산, 뻐꾸기 노래를 생각하며 종일 푸른 점을 찍는다."고 중얼거렸다.

화가 옆에는 아내 김향안(본명 변동림)이 시녀처럼 따르고 있었다. 그녀는 원래 천재 시인 이상의 아내였다. 경기고녀와 이화여전 영문과를 다닌 신여성 중에서도 뛰어난 재원이었다. 스무 살 때 여섯 살 많은 이상과 결혼했으나 사 개월 만에 요절하고 말았다. 이상이 죽고 난 후 "결혼 사 개월 동안 낮과 밤이 없이 즐긴 밀월은 월광月光으로 기억할 뿐"이라며 "황홀한 일생을 살다 간 27년은 천재가 완성되어 소멸되는 충분한 시간이었다."고 말했다.

그녀는 칠 년 뒤 세 딸의 아비인 화가와 재혼하면서 허물을 벗듯 이름을 변동림에서 김향안으로 바꿨다. 변동림일 때는 시인 이상에게, 김향안일 때는 화가 김환기에게 모든 걸 바쳐 예술적 영감을 불어넣은 뮤즈(Muse)였다. 장안의 사람들은 시인 뮈세와 음악가 쇼팽 등 연하의 남자만을 골라 사랑하고 몸을 즐긴 조르주 상드에 비견하곤 했다. 상드도 본명은 오로르 뒤팽(Aurore dupin)이었다.

김향안은 여섯 살 연상인 이상과 사 개월, 네 살 위인 김환기와는 삼십 년을 함께 살았다. 상드는 소설가였지만 김향안은 수필가, 화가, 미술평론가였다. 쇼팽과 이상은 둘 다 폐결핵환자였다. 상드는 인후결핵을 앓고 있는 쇼팽을 발데모사 수도원으로 데리고 가 헌신적인 간호를 했다. 쇼팽은 상드를 기다리며 수도원 양철지붕에 떨어지는 빗소리를 피아노로 받아 적어 유명한 〈빗방울 전주곡 15번〉을 작곡하기도 했다. 그러나 상드는 쇼팽을 헌신짝처럼 버려 건강과 음악의 샘을 동시에 마르게 했다. 뮈세 역시 어긋난 사랑 탓에 퇴폐의 늪에 빠져 비참하게 생을 끝냈다. 쇼팽은 39세에, 뮈세는 44세에 이승을 떴으나 상드는 72세까지 살았다.

안좌도 하늘 위에서 수군거리는 별들의 중매로 화가를 만난 지가 얼마 된 것 같지 않은데 하늘이 가까이 내려와 있었다. 별 하나가 내게 말을 걸어왔다. "화가의 생가에 와 봤으니 그들이 누워 있는 수향산방(樹攡山房·樹話와 鄕岸의 합성)에도 한번 가봐야지. 뉴욕의 웨스트 체스터묘원이야." 나는 대답하지 않았다. 그들은 무덤 속에서 유심초의 노래 〈어디서 무엇이 되어 다시 만나랴〉를 혼성듀엣으로 부르고 있다는 걸 너무 잘 알기 때문에.

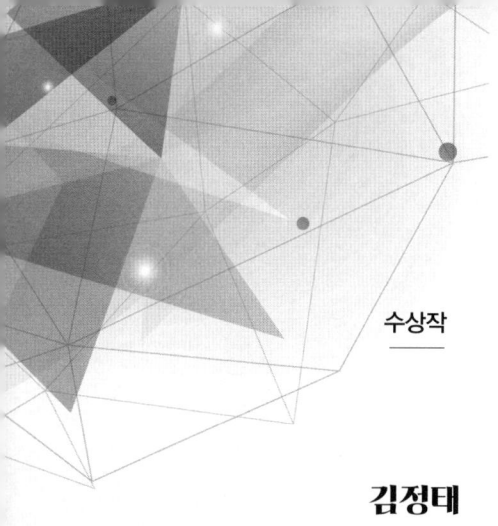

수상작

김정태

재

| 작가노트 |

⋮

수상작 외 2편

〈감꽃 핀 자리〉
〈풍장風葬〉

2016년 《수필과비평》 수필, 2019년 《딩아돌하》 시 등단
딩아돌하문예원 운영위원, 청주문인협회 편집위원
수필집: 《밥과 똥을 생각하며》
수상: 우암문학상, 제1회 수필과비평올해의작품상 12

김정태
2016년 《수필과비평》 수필, 2019년 《딩아돌하》 시 등단
딩아돌하문예원 운영위원, 청주문인협회 편집위원
수필집: 《밥과 똥을 생각하며》
수상: 우암문학상, 제1회 수필과비평올해의작품상 12

| 수상작 |

재

 아버지는 20여 년 만에 땅속에서 나와 지상에 누웠다. 당신께서 잠들어 있는 동안 난 40대에서 60대 초로가 되었다. 내가 살아 숨쉴 수 있는 시간이 보낸 세월에 비해 턱없이 적다는 것을 되새김할 나이에 닿아있다. 다다른 시간은 밀려가고 있는데, 어쩌자고 당신께선 아직 살도 다 덜어내지 않은 모습으로 자식 앞에 계시는지.

 덜 삭은 당신의 살은 뼈를 가지런히 잡고 있었다. 살은 근육도 물도 아닌, 흙에 떠있는 무늬로 보였다. 관 안은 헐렁해 고요했고, 바라보는 자의 속은 뭔가로 그득해 마음은 아득했다. 땅속에서 보낸 시간은 흐름도 무게도 비우고 있었기 때문일까. 아무런 표정도 읽을 수 없다. 떠나신 후, 20여 년 밥벌이로 세상을 헤매고 있을 때 아버지는 몸도 마음도 비우고 누워계셨겠구나 하는 느닷없는 생각이 잠깐 스치고 지나갔다. 나도 황혼이란 말로 뭉뚱그려지는 나이대에 들어섰음인가. 삶과 죽음의 경계는 무뎌지고 흐려져 뿌옜다.

쓰다듬다 내가 기진한들 맞아들여야 할 산 자와 주검과의 마주함이다. 혼백이 떠나간 주검 앞에서 입을 열어 까불대는 것은 객쩍다. 가슴이 요동친대서 이 풍경이 싸워서 이겨내야 할 대상은 아니다. 지금 주검은 가볍고 명료한 사실이며, 삶은 맞아들여 뒤따르는 그것에 잇대야 하기에 끈적이고 무거웠다.

중장비 이마가 밝히는 불을 의지해 시작된 이장移葬 절차는 아침 볕이 내리쬘 때쯤 막바지에 이르고 있었다. 내게 덜어준 살과 뼈를 아침 볕에 드러내놓고 있었다. 세상에 나온 잠시의 시간을 알뜰히 쓰고자 작정이라도 하고 계셨던 걸까. 볕을 쬐고 바람이 거들자 뼈에서 살이 녹아내렸다.

당신 몸의 헝클어짐은 지금 당신이 할 수 있는 가지런함이었기에, 흐트러진 듯 질서는 유지되고 있었다. 이것이 내 아버지의 몸이고 나는 스스로 가지런함 앞에서 산 자로서 경건을 유지했다. 하지만 마음은 여러 것들로 비벼지며 뭉개지고 있었다. 20년의 시간이란 이런 거였구나 하는 생각 앞에서 무참했다. 가지런함은 살아 있는 동안만 유효하다. 그렇긴 하되 말하여질 수 없는 시간 앞에서 산 자는 들볶이고 있다. 가뭇

없이 빠져나간 생명 앞에서 생명 있는 자도 말없음에 동참해야 하는 것이다.

묘가 열렸을 때 아침 볕이 일제히 내려앉았다. 당신이 살과 뼈를 나눠준 3남매 중 이 자리엔 나밖에 없다. 형은 아버지보다도 1년 앞서 떠났다. 지금 아버지 옆에 같은 남루함으로 누워있되 그는 제 아비의 모습을 볼 수 없다. 누나는 얼마 전 재가 되어 산사에 머물고 있어 여기 오지 않았을 것이다. 어머니는 맏딸이 재가 되어가는 순서를 알아채지 못했다. 살아계시되 되어가는 일이 무엇을 하는지 알지 못하니 생전의 아버지와 같이 누웠던 자리에 지금 누워있다. 아버지와 형의 형상은 크기도 모습도 똑같다. 덜 덜어냈고, 무질서가 가지런함으로 환치되어 누워있는 모습이 너무 닮았다. 유골도 닮음은 유전되는 걸까.

동도 트기 전 열어젖혀진 조부모의 거처에는 아무도 있지 않았다. 두 분이 나란히 누워 계신다고 생전의 아버지는 말했었다. 그런데 아무도 없다. 손으로 고운 흙을 만져 나갔다. 오한으로 이불 속에서 떨고 있는 사람 이불 걷듯, 조심스럽게 흙을 걷어냈다. 까만 재가 두 줄로 나란히 그어져 있었다. 마치 새끼줄을 두 가닥 나란히 놓고 불로 태운 뒤 남은 재처럼 흙 위에 그은 검은 두 선線이다. '흙으로 돌아간다는 것이 이런 거구나.' 하는 생각이 들었다. 바싹 다가가서 휴대폰의 카메라 셔터를 눌렀다. 개발사업소에서 요구하는 꼭 필요한 증

빙서류 중의 하나다. 주검이 보이면 최대한 근접해서 찍어야 한다고 사업소 직원은 현행범 얼굴 사진을 확보해야 한다는 듯 말했었다.

집안의 서사를 늘어놓자고 시작한 글이 아닌데 여러 풍경이 포개지니 무색하다.

마을에서 멀지 않은 선산 일대가 산업단지에 수용된다는 통보를 받은 것은 이태 전이다. 선산에 계신 조부모, 아버지, 숙부, 형의 묘를 이장해야 하는 일이 생긴 것이다. 파묘를 하고 주검의 모습을 바싹 다가가서 한 장 찍고, 서너 발짝 물러나서 한 장 더 찍어오라고 개발사업소 직원은 들꽃 몇 송이 찍어오라는 듯 차분히 일러주었다. 그 다음은 꼭 화장을 하고 '화장증명서'를 발급 받아 사진과 함께 내라는 것이다. 재가 된 모습도 찍어야 하느냐는 물음에 바닥을 찍어오라고 했다. 재를 한 번 더 재를 만들어야 증명서를 뗄 수 있을 거라고. 말하던 직원은 일그러지는 내 얼굴을 보고 급히 제자리로 돌아가 컴퓨터에 코를 박았다.

난 할아버지를 본 일이 없다. 재가 되어 흙에 스민 분을 뵌 셈이다. 할머니는 내가 초등학교에 입학하는 날 돌아가셨다. 뭔 초본인지 등본인지를 쥐여주며, 베옷 입은 엄마는 혼자서는 안 가겠다고 징징대는 나를 달래다 등짝을 쳐서 밀어냈었다. 40대의 아버지는 방바닥에 누워 사지를 요동치며 울었다. 우리 삼남매는 아버지 우는 모습이 무서워서 울었고, 우는 어머니를 따라 다니며 울었다. 그 때의 할머니 나이보다 서너 해는 더 산 손자가 재가 된 할머니의 모습을 카메라에 담고 있는 것이다. 할머니는 색깔로 길게 누워 같은 색깔의 남편 옆에서 평안했다.

아버지가 선산으로 이사하던 날, 선산에 딸린 비탈밭에는 보리가 누렇게 익어가고 있었다. 당신이 안식처로 터를 잡기 전, 형이 먼저 와 기거하고 있었다. 형은 늙은 아버지를 방바닥도 아닌 병원의 차가운 복도 바닥에서 꺽꺽 울게 했다. 당신의 어머니 죽음 앞에서 사설을 하며 울던 아버지는, 자식의 죽음 앞에서 가슴과 배의 장기들이 뒤섞이는 듯 동물의 울음 소리를 내며 울었다. 형은 대꾸 없이 선산으로 와 거처로 들어갔다. 그 날도 선산의 비탈밭엔 보리가 익어가며 바람에 일렁였다. 형과 아버지의 이태간의 풍경들이 뒤섞여 이제는 논리나 개념으로 설명되지 않는다. 다만 기억은 흐려지고 멀어 풍경만 살아 그림으로 겹친다.

덜 삭은 아버지의 몸이나 형의 몸을 난 만져볼 수 없었다. 만질 수 없음에 내 몸이 떨었다. 다만 생전의 온기를 기억해 볼 뿐 그 이후를 난 알지 못한다. 구급차 안에서 흐르지 않는 피가 채 식지 않은 형의 살을 만졌었다. 다시 재가 되고 흙이 될 터이다.

세상에 다시 드러낸 모습을 아침 햇살이 덮을 때, 지상에서 보던 어떤 주검의 모습보다 재가 되지 않고 앞에 놓여 있는 주검은 훨씬 논리적이다. 죽는 것 이후에 대하여 한 치의 줄임도 보탬도 없었다. 나는 주검 앞에 더이상 다가설 수 없고, 주검 또한 내게 손 내밀지 못한다. 삶과 주검의 경계는 아득한 것이어서 논리로 설명한들 더 아득해질 뿐이다.

죽음을 산 자는 살아 있기에 죽음 후를 말할 수 없고, 죽은 자는 죽었기에 자신의 죽음 이후를 전해줄 수 없다. 그러니 산 자가 죽음을 논리로 설명할 수 없다. 다만 세월이 지난 후에 다시 만날 수 있다면 무질서한 가지런함으로 말해 볼 뿐이다. 지금 이 순간의 시간과 공간에 그것이 존재한다.

극악스럽게 소리치던 중장비의 법석도 끝이 났다. 겨울을 막 지난 보리는 중장비의 바퀴에 이겨지고 뭉개졌다. 이젠 이 들판에서 누렇게 익어가는 보리는 볼 수 없다. 작은 관에 모셔진 다섯 분을 모시고 화장터로 향했다. 억지로 재가 될 것이다. 조부모는 흙이었다가 다시 재가 될 것이다. 그래서 산 자의 슬픔과는 더 멀어질 것이고, 주검들은 산 자 앞에 더 완강하게 설 것이다.

산일을 마치고 화장터로 향하는데, 뿌예진 눈앞에, 어쩌자고 다섯 분이 선산의 양지에 앉아 봄볕을 쬐고 있다. 같은 방, 같은 식탁에서 밥을 먹던 그들이.

화장터로 향하는 차 안에서 옆구리가 저려와 울음이 밖으로는 나오진 않았다.

| 작가노트 |

진짜와 가짜는 다르다.

 가령, 가랑비 내리는 날 샤넬가방을 머리에 이고 바쁠 것 없이 걷는 여자의 그건 가짜다. 품속에 안고 머리에 비를 맞으며 뛰어가는 여자의 그건 진짜다.

 내 삶의 여정에서 진짜와 가짜를 구분하며 살기에 헷갈리는 때가 많았다. 진짜라고 믿었던 것이 가짜라는 확신으로 바뀌었을 때 남루해진 내 모습에 연민을 얹었었다. 그건 어떤 사건일 수도 있고 사람이었을 때도 있었다.

 그렇기는 하거니와 늘 진짜와 가짜를 구분하여 선을 긋고, 그은 선을 절대로 넘지 않기에는 내 삶이 가늘고 흐리다. 이순을 훌쩍 넘기고 나서 이나마 깨우친 것은 행운이다. 난 이것을 내 잣대의 정의라고 부른다.

 글을 쓰며 나를 괴롭힌 건 8할이 이걸 구분하는 일이었다. 정서의 가치를 앞세우고 그것에 힘을 보태기 위해 물질적 가치를 하찮게 표현해야 하는 일 앞에서는 무참했다. 어디 그게 꼭 그렇게 되기만 하던가 말이다.

한 시절 밥을 넘기며 목이 메었고, 밥 앞에서 경건해야 했다. 그것은 나의 정서적 가치를 뛰어넘는 현실의 실제 상황이었다. 이젠 말할 수 있으려니 하고 글로 표현할 때 글들은 날뛰었고, 날것의 비린내를 풍기며 활자화 되어 있곤 했다. 이것은 가짜다.

진짜가 가짜 같고 가짜가 진짜 같을 때, 내 속의 진짜인 나는 쉰 목소리로 징징대고 있었음을 진짜인 나는 알고 있다. 살면서 다가왔던, 그래서 만들어 가던 내 사랑이 그랬고 떠남이 그랬으며 그 이후가 그랬다.

글을 쓴다는 것, 그것은 내 생각과 사유의 산물을 문장으로 표현하는 일이 아니었다. 철저한 자기부정과 자기모순을 넘어서야 하는 일이었고 더러는 뭉개 없애야 하는 것이었는데 그럴 때 내 몸이 같이 뭉개졌다.

세끼 먹어야 하는 밥 앞에 경건해질 수 있는 맘가짐이 되었을 때야만 나는 한 줄의 글이라도 더 쓸 수 있을 것이다. 그것이 내가 갖는 정서적 가치고 진짜다.

보름 전, 어머니를 재로 만들어 드렸는데, 몇 달 전 흙속의 아버지를 꺼내 재로 만들던 일들이 날것으로 활자화 되어 작품상을 받는다니 내 길지 않은 삶의 모순은 어디까지인가.

겨우 쓰던 글을 겨우 마칠 때, 그것은 내 속의 진짜인가 가짜인가.

| 수상작 외 2편 |

감꽃 핀 자리

저절로 서있는 마당 한편 감나무에 올해도 감꽃이 피었다. 덩달아 서 있는 듯 무심한 목련은 꽃잎을 떨군 지 오래다. 제 몸의 무게만으로 목련의 꽃잎은 수직으로 떨어진다. 바람에 날려 사선을 그으며 춤을 추듯 생을 마감하는 다른 꽃잎을 되레 나무라는 것일까. 그냥 있다가 문득 뚝 떨어진다. 떨어진 꽃잎은 바닥에 발을 굳게 디디고 가는 바람에는 꿈쩍도 하지 않는다. 목련꽃잎이 바람에 떠밀리는 때는, 이미 제 모습을 잃고 누렇게 변색 되어 삶의 무게를 덜어냈을 때다. 덜어내 가볍긴 하되 색은 꺼무튀튀하다. 그때쯤 나무는 연둣빛 물감을 제 몸에서 풀어낸다.

나란히 서서 같은 양의 볕을 받고 바람도 쐬지만 감꽃의 생애는 목련과는 사뭇 다르다. 감꽃이 한창 필 때, 꽃은 나무에 가득하고 떨어진 꽃은 바닥에 무더기로 눕는 것인데, 누운 감꽃에는 아득함이 배어 있다. 그 아득함이 감꽃 어디에서 오는지 알지 못하니 난 감꽃의 아득함에 대해서 말하지 못한다.

봄볕을 다 쬐고 초여름 볕이 내리기 시작할 때, 감꽃은 초록 이파리 사이에 숨어 핀다. 얼굴을 쉽게 내밀지 않아, 초경을 앞둔 딸아이의 요동치는 마음을 겉으로만 보고 변화를 모르듯 언뜻 알아채기 쉽지 않다. 볕을 받던 감꽃은 무리 같으면서도 개별적이어서 각각 시나브로 떨어지기 시작한다. 꽃잎을 분산시키지 않고 통으로 떨어진다. 떨어진 꽃은 포개져 무더기를 이룬다. 감꽃은 땅위에 내려앉았지만 목련의 그것처럼 땅에 발을 디디지 않고 다만 땅 위에 얹힌다. 얹힌 감꽃을 바람이 데리고 간다. 꽃 진 자리에 아기 손톱만 한 열매가 달린다. 열매를 두고 내려앉은 감꽃은 까맣게 변색되어 간다. 피어난 감꽃은 생을 마감하고 개별적으로 뒹굴 지 않고 바람이 부는 대로 구르다가 낮은 곳에 포개져 마치 한 덩어리처럼 모여 있다. 그것은 생의 끝을 합장合葬 의식으로 치르는 듯하다. 땅에 얹혀서 그 신산한 제 몸통을 통째로 볕에 말린다. 까맣게 변한 감꽃의 생애다.

"환갑이나 넘기겠느냐." 하시던 어머니는 구순을 넘기고 이태를 더 살아내고 계신다. 늘 방안에 누워 미동도 없다. 살 결이 물러 약을 발라 드리면 볕에 꽃잎 말라가듯 꾸덕꾸덕 해진다. 그 과정은 늘 심란한 것이어서 바람이라도 쐬라고 창문을 열면 이불 속으로 몸을 숨긴다. 바람과 볕에 까매지는 것을 아시는 건지. 그렇게 마르며 까매져 끝에 닿는다는 것을. 물어볼 일도 아니지만 물어도 대답을 아니 하실 것이다. 뒷일을 보는 것조차 힘들고 때론 잊기도 한다. 기억은 풀어진 실타래처럼 엉켜 추슬러 되감기엔 시간이 넘어서 앞질러 가고 있다. 그 시간을 부릴 수 없으니 나는 도리가 없다. 어쩌면 풀어 헤쳐진 실은 어느 지점에서 끊어진 게 분명하다. 이제 실타래에 남아 있는 실은 잘 사려 감는다고 해도 몇 올밖에 되지 않을 것이다. 그 한 움큼도 되지 않을 풀어진 실타래 같은 기억의 저편에 감꽃이 피고 지고 말라가고 있다.

어릴 적 앞집에 고목이 된 감나무 두 그루가 있었다. 그 해, 시집을 온 열여덟 새색시 내 어머니가, 배가 고파 나무아래 누워있는 소년 인민군을 부엌으로 데려와 밥을 먹였다던 아득한 추억의 감나무이다. 그 때, 마지막 감꽃이 지고 있었다고 기억이 있던 어머니는 말했었다. 사실과 전설은 이제 구분되어지지도, 구분할 이유도 없다.

어린 시절의 봄날, 아침잠에서 깨면 앞집 감나무 아래로 뛰어가곤 했다. 노란 감꽃이 바닥을 온통 물들이고 있었다. 실로 꿰어 감꽃 목걸이를 만들거나, 더러는 주우며 먹기도 했다. 꽃 속에 숨어 있던 개미가 놀라 기어 나오면 개미보다 더

놀라 입안의 꽃을 뱉었다. 달착지근한 맛이 아까시아꽃 보다 맛이 순했다.

잠에서 깨 마당에 서서 눈가 졸음을 지우려고 할 때, 어머니는

"앞집 감나무 아래 가보렴. 누나 거기 갔다." 하시곤 했다.

누나와 함께 주은 감꽃 그득 담긴 바구니를 어머니에게 보여드릴 때, 무슨 장한 일이라도 해낸 것처럼 뿌듯했다.

"막내 바구니가 누이보다 그득하네."

어머니가 하시던 그 말이 그때는 왜 그리 좋았던지.

미동도 않던 어머니 방에서 기척이 났다. 같은 자세로 오래 누워 있다가 몸이 불편할 때 짧게 내는 나름의 구조 요청 신호라는 것을 안다. 방안은 냄새가 가득했다. 이불을 들추고 돌아 뉘였다. 기저귀 밖으로 뒷일 본 것이 노랗게 새어나와 있었다.

대학시절인지, 졸업 후 결혼하기 전인지 어머니와 내 어릴 적 이야기를 두런두런 나눈 일이 있었다. 서향이던 마루에 앉아 앞산에서 내려오는 저녁노을을 등으로 받으며 칼국수 반죽을 밀고 계셨던가. 어쩌다 똥 싼 일이 화젯거리가 됐는지는 기억에 없다. 다만 우리 남매들 똥 이야기를 유쾌하게 하시던 어머니와 얼굴을 찡그리며 얘기를 나누던 일이, 저녁 하늘을 힘껏 물들이고 산으로 가라앉는 순간의 해처럼 또렷하다.

"엄니, 자식 똥이라도 여하튼 똥은 더럽잖수. 그래, 삼남매

똥을 다 치우며 농사일을 어찌 하셨소? 집안 일거리가 적은 것도 아니고."

어머니는 그때 그러셨다. 들에 갔다 오면 기저귀는 기저귀 대로 나뒹굴고 똥 범벅을 한 애는 애대로 울고 있었다고. 이불 위에 똥을 싼 것을 보면, 감꽃이 떨어져 마르기전에 움푹한 곳에 쌓여있는 것 같았다고. 내 새끼 똥을 맨손으로 치웠다고.

그러기는 하거니와, 지금, 어머니의 뒷일 본 것이 내게 감꽃으로 보일 리 만무다.

"엄니 날 부르면 되잖소? 왜 더럽게……."

아, 이 말은 입 밖에 낼 소리가 아닌데……. 이미 늦었다.

벌어지는 일만으로도 기막힌 일인데, 더 기막히게도 쓸 데 없는 말까지 부조하고 나선 꼴이 됐다. 아니꼬운 자식의 자리에서 들이댈 만한 말이 아니란 것쯤이야 진즉 알고도 남는데, 무릅쓰고 가야할 길에서 번번이 쑤셔 박힌다.

어머니의 뒷일 본 것을 기저귀에 욱여싸서 방문을 나서는데 눈앞이 뿌예져 벽에 똥 묻은 기저귀를 뭉갤 뻔 했다.

감꽃이 무더기로 말라가든 낱개로 흩어져 개별성을 유지하든, 떨어진 감꽃의 끝은 말라간다는 것일 터인데, 사람의 일을 앞에 놓고 보편성이라는 단어로 밀어붙이면 내 어머니의 지금 삶은 그저 그런 일이 되고 마는 것인가. 떨어지면 마르는 것이고, 나이 들면 흐려지고 가벼워지는 보편적 상황에서 내 어머니의 삶도 뭉뚱그려 그 범주에 넣으면 불민한 자식은 맘이 편해질까. 이런 모든 것들을 누군가에게 어떻게 생각하는지 묻고 싶으나 될 말이 아니기에 묻지 않는다.

물을 데워 몸을 씻기고 뽀송한 요대기를 골라 앉혀드렸다. 모자간에 서로 손길이 가지 않은 곳은 없다. 당신이 내게 했듯, 몸을 씻겼다. 갈아 입혀드린 윗옷 헐렁한 목 사이로 어머니의 낮아진 젖무덤이 안쓰럽게 붙어 있다. 가슴 양쪽으로 감꽃 진 자리에 떨구지 못한 감꽃이 까맣게 매달려 있다.

감꽃 핀 자리, 거기가 내 생의 시원始原인데.

| 수상작 외 2편 |

풍장風葬

바람이 봄 꽃잎들을 데려가 흙에 재운다. 더러는 바람을 기다리지 않고 스스로 흙과 포개지기도 한다. 꽃잎이 그들 삶의 끝을 바람에 맡길 때, 꽃잎은 생의 절정을 맞는다. 장엄하되 소란하지 않고 기시감既視感이들되 늘 새롭다. 바람에 꽃잎이 지는, 생애의 끝이 절정이라니 무슨 역설인가. 찬란한 꽃잎의 죽음 의식, 풍장風葬이다.

 매화나 벚꽃은 생의 끝을 바람에 맡긴다. 가지에 붙어 있다가 자신의 몸에 남은 마지막 온기를 바람에 실려 흙으로 돌아가는 것이다. 낙엽도 때가 되면 흙으로 돌아가지만 꽃잎의 처연한 느낌과는 사뭇 다르다. 꽃잎 곁을 스치는 요란하지 않은 바람소리는 차라리 처연한 만가輓歌로 들린다. 이때 꽃잎은 데려가 줄 바람을 순하게 맞이한다. 순간의 이런 풍경의 끝은 여리고 애달프다. 이화梨花도 그러하고 연분홍 도화桃花가 그러하다. 꽃잎 한 개 한 개가 개별적으로 바람에 실려 산화散華한다. 이파리도 없는 가지에 잠시 붙어 있다가, 바람에 실려 공중에서 사선을 긋는 동안이 매화나 벚꽃처럼 개별적 죽음을 맞는 꽃잎의 절정이다. 그래서 그들의 끝은 애달프나 순결하다.

꽃잎은 잘게 쪼개져서 분산된다. 쪼개진 꽃잎은 절정의 아름다움으로 잠시 날아가지만 소란 떨지 않고, 같이 피어난 누구를 부르려고 까불대지 않는다. 다만 바람에 감기어 흙에 포개진다. 흙에 눕기 전에 잠깐 흙을 쓰다듬는다.

이렇게 꽃잎이 질 때, 나는 누군가를 불러내고 싶은 충동을 느낄 때가 있다. 하지만 이럴 땐 차라리 혼자서 외로움을 즐기는 것이 좋을 듯하다. 살아있는 모든 삶의 끝은 외롭다. 그렇다고 슬픈 외로움만은 아니다. 끼적인 졸시 〈꽃잎 질 때〉에서 나는 이렇게 노래했다.

가끔 저 지는 꽃잎을 보며/ 누구와 함께 봤으면 좋겠다 싶을 때가 있다//가끔은 바람에 떨어져 날리는 꽃잎 땜에/ 손끝이 떨려 누굴 불러내고 싶을 때가 있다// 중략// 바람이 꽃잎 되고 꽃잎이 바람이었단 걸/ 맨 살이 알아버렸을 때/ 불러낸 누굴 돌려보낸 것이 참 잘한 일이라고/ 생각할 때가 있다//

바람에 지는 꽃잎과 나만이 홀로일 때, 그런 홀로임이 깊은 황홀감에 빠질 때를 한 시인은 자신의 사전에만 기록된 '홀로움'이란 말을 썼다지만 그 시인과 나의 느낌이 같은 것인지 나는 아직 모른다.

봄의 꽃잎들이 모두 바람을 기다려 마지막을 준비하는 것은 아니다. 동백이 그러하고 목련이 그렇다.

동백은 가늘게 불어오는 봄바람을 개의치 않는다. 자신의 무게만을 의식한 채 기다릴 뿐이다. 한 송이 한 송이가 지극히 개별적이어서, 개별적으로 피어나고 개별적으로 땅에 누울 시간을 정한다. 마지막임을 알릴 때도 그들은 혼자여서 옆의 것과 두런거리지 않고 주접스런 몸짓 따위는 보여주지 않는다. 그냥 있다가 문득 진다.

운 좋게도 처가가 이 땅의 남도에 자리하고 있어, 이른 봄날이면 눈치 볼 일 없이 남도를 여행하며 이런 풍경을 만날 수 있다. 여행길에서 온통 붉게 멍든 동백을 마주한다. 홀로 피어 있는 동백도 아름답지만, 동백은 역시 군락을 이룬 무리가 절경이다. 모두가 '기다림에 지쳐서 빨갛게 멍든' 자국들인가.

바람도 없는 날, 동백의 무수한 무리 앞에 서본다. 벼랑으로 떨어지듯, 느닷없이 아래로 향한다. 길을 잃고 두려움에 울지도 못하던 아이가, 저만치서 달려오는 엄마를 문득 발견하고 후드득 흘리는 눈물처럼 뚝 떨어져 버린다. 문득 있었던 것이 순간 문득 없어진다. 이 땅의 남도에 자리하고 있다가

김정태 | 풍장風葬

명멸한 백제의 마지막처럼, 벼랑으로 떨어지듯 하는 것이다. 어느 핸가 제주도의 해안가에서 만난 동백의 무리 앞에서, 뜬금없이 제주도에서 있었던 옛 사건이 떠오른 것도 동백꽃이 지는 이미지와 무관하지 않을 것이다. 그 해 사월에도 까닭 없이 스러져간 덧없는 민초들의 죽음처럼 동백은 지고 있었을까. 동백꽃의 짐은 차마 소리 낼 수 없는 고통이고 비애에 가깝다.

목련의 꽃잎이 떨어짐은 동백의 그것과 같은 듯 다르다. 꽃잎이 존재의 중량감은 같을지 모르나 그들의 끝은 전혀 다르다. 목련은 동백처럼 문득 떨어지지 않는다. 백목련의 꽃잎이 시들어갈 때면, 마치 궁색한 집안 대주의 무명 저고리를 닮아 있다. 누렇게 변색되어도 나뭇가지에서 떨어지지 않는다. 웬만한 바람에도 지지 않고 제 몸의 무게만으로 지기를 고집한다. 그들은 풍장을 거부한다. 자목련의 끝은 더 추레하다. 꽃잎의 겉과 속이 다른 색깔인지라, 시들어가며 처진 꽃잎은, 손님 발길 뜸해진 늙은 무당 집 앞의 색 바랜 깃발처럼 펄럭이며 냉큼 떨어지지 않는다. 든적스런 몸짓이다. 참으로 느리고 무거운 죽음이다.

우리의 삶이 아름다운 것은 그 끝에 죽음이 있기 때문은 아닐는지 생각해 보곤 한다. 문득 지는 것은 아쉽고, 추레한 모습으로 오래 버티는 것은 추하다. 꽃이 늘 나뭇가지에 매달려 있다면 우리는 굳이 꽃을 보러 나들이를 하거나, 아름다움에 감탄하지 않을 것이다. 더구나 말라가는 목련의 꽃잎처럼 끝이 너절함으로 남아 있다면.

매화나 벚꽃의 꽃잎이든, 또 동백이나 목련의 꽃잎이든, 그것들이 나고 죽는 흐름은 인생의 그것이나 별반 다름은 없으리라. 매화나 벚꽃과는 서로 다른 모습으로 생애의 끝을 맞이하는 동백이나 목련도 그와 닮은 인생이 왜 없으랴. 한 때의 영화榮華도 때가 되면 스러지게 마련이다. 여느 나라든 그랬고 앞선 모든 인생들의 삶이 그러했다.

잡고 있던 가지를 놓으며, 바람이 데려갈 때를 아는 가루 같은 저 꽃잎들이 순하게 풍장에 순응함을 바라보는 봄날의 하루가 간다.

내 삶의 끝이 순장을 맞는 꽃잎처럼 가지런하고 순하게 날렸으면 좋겠다.

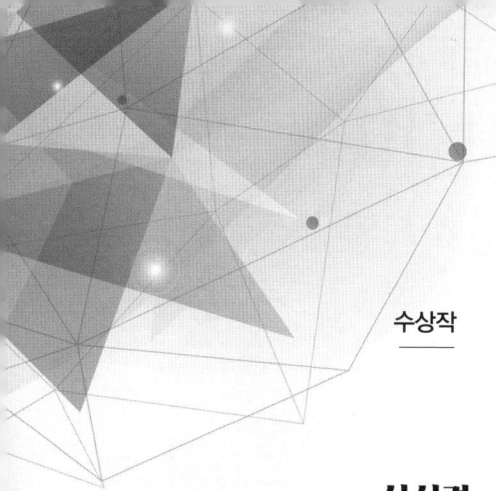

수상작

심선경

은빛 줄무늬 옷을 입은 여자

| 작가노트 |

⋮

수상작 외 2편

〈압력솥〉
〈장마〉

심선경

2020년 《수필과비평》 수필, 2011년 《에세이포레》 문학평론 등단
수필집: 《내 안의 빈집》 외
작품집: 《파로호에 잠긴 초록별을 낚다》, 《내안의 빈집》, 《강변여관》,
 《갈마도서관에 두고 온 것들》
수상: 2010년 신곡문학상, 2011년 수필문학상, 2024년 《좋은수필》베
 스트에세이10 최우수 작품상
2008년, 2014년 부산시 문예진흥기금 수혜, 2022년 아르코 창작기금
 (발간지원)수혜

| 수상작 |

은빛 줄무늬 옷을 입은 여자

비 오는 날 폐지 줍는 노인을 보면 창문 안쪽의 내가 몹시 젖는다. 도시가 비 맞은 폐지처럼 눅눅하다. 제일교회 옥상에서 예수가 비를 맞고 서 있다. 첨탑 십자가를 향해 하늘이 세상을 심문하듯 창끝을 내리꽂는다. 천국의 길은 멀고도 험해 이상과 현실의 괴리를 비스듬하게 이어주던 양철 계단이, 균형 잃은 바람의 몸을 떠받치려고 움찔하다가 그만 발목이 접질렸는지 삐거덕 소리를 낸다.

허공으로 몰려가는 빗발, 삶의 찌꺼기들이 홈통을 타고 흘러내린다. 빗줄기가 점점 굵어진다.

이런 날이면 하릴없이 방바닥을 뒹굴다가 저녁이 오지 않은 시간인데도 괜히 주방 싱크대 아랫도리를 더듬는다. 몇 달 전에 사놓은 밀가루 봉지가 눈에 띈다. 밀가루를 꺼내 물을 붓고 반죽이 꾸덕꾸덕해질 때까지 반복하여 치댄다. 밀가루라는 세상에 물을 적당히 넣으면 내 마음대로 그 세상을 주무를 수 있다.

아이들이 어릴 때 밀가루 반죽으로 여러 모양의 쿠키를 함께 만든 적이 있다. 아이들은 집, 기차, 비행기, 토끼, 코끼리 모양 등 자신이 만들고 싶은 것들을 반죽으로 빚었다. 나는 꽃 모양을 몇 개 만들어 아이들의 세상에 합류했다. 잘 치댄 반죽으로 빚은 사물들은 오븐 속에서 노릇노릇하게 구워져 둥근 접시 위에 담겼다. 세상을 어떤 모양으로 빚고 무슨 색깔로 구워낼지는 오로지 우리 손에 달려있었다. 세상은 꿈꾸는 이들의 것이다.

하지만 밀가루 반죽으로 완성된 세상이 되기까지는 그 과정이 순탄치만은 않았다. 밀가루에 물을 붓기도 전에 반죽 그릇을 엎어 거실 바닥엔 온통 밀가루가 흩어졌고 흰 가루를 뒤집어쓴 아이들은 깔깔거리며 주방과 거실을 운동장처럼 뛰어다녔다. 철없는 아이들의 저지레에 뒤치다꺼리하기가 귀찮아 쿠키를 만들자는 작은 희망을 가차없이 잘라버린 적이 많다. 그러지만 않았어도 아이들의 세상은 더 넓게 열렸을 테고 그들의 세상을 스스로 바꿔 갈 수도 있었을 텐데. 어쩌면 그때 나는, 손에 덕지덕지 붙어 올라온 밀가루 반죽을 뜯어내며 끈적끈적하게 나를 조여오는 거미줄 같은 인연의 끈들을 조금씩 떼어내고 싶었는지도 모른다.

오늘도 그날처럼 밀가루 반죽은 내게 치근대듯 집요하게 달라붙는다. 그럴수록 반죽은 바닥에 내동댕이쳐지는 횟수가 늘어난다. 맥주병을 굴려 반죽을 납작하게 민다. 모든 생의 굴곡이 어느새 평평해진다. 초조하고 불안했던 마음이 풍랑 멎은 바다의 표면처럼 일순간 고요하다.

비가 오지 않았다면 밀가루를 꺼내지 않았을 게다. 납작하게 누른 반죽으로 칼국수를 만들 생각조차 하지 않았을 게다. "이놈의 세상, 무엇하나 뜻대로 되는 게 없어." 하며 일그러진 표정으로 퇴근한 가족에게 뜨거운 칼국수 한 그릇 퍼담아주며 차가워진 속을 데워주진 못했을 게다. 그래도 화투판 끗발처럼 어떤 때는 좋은 날도 있지 않겠냐며, 애호박 썰어 넣고 멸치 진하게 우려낸 국물을 한 국자 가득 떠서 빈 그릇 다시 채워주진 못했을 게다.

빗소리가 길어진다. 나무들이 너울너울 신나게 춤을 춘다. 빗방울을 거슬러 하늘로 솟는 나무들, 모든 생명의 시원始元이 물이라는 것을 나무는 온몸을 다해 말하려 한다. 하늘이 참고 참다못해 땅에 떨어뜨리는 저 긴 문장들…, 어떤 메시지인지 미처 해독하기도 전에 바닥에 부딪혀 장렬히 산화한다. 마치 자전거 뒤에 실려 가다 도로에 떨어져 산산이 깨어지는 유리창처럼. 어떤 문장들은 쓰다 남은 페인트 통속에 들어가 제 몸 빛깔을 은근슬쩍 바꾸기도 한다. 날개도 없이 지상에 추락해 부서지는 비의 모습이 때때로 측은하기도 했지만, 빗방울로 스며들어 대지 깊은 곳으로 혈육을 찾아가는 오랜 여행자 같기도 했다. 가끔은 비가 하늘과 사람을 이어주는 어떤 영적인 존재가 아닌가 싶을 때가 있었다. 비의 성별정체성을 여성으로 보게 된 것은 뚜렷한 과학적 근거에 기인해서가 아니라 오로지 나의 주관적인 생각과 감정에 충실해서다.

느닷없이 은빛 줄무늬 옷을 입은 여자가 우리 집 창문을 두드린다. 나는 잠들어 있다가 후다닥 일어나 그녀를 맞이한다. 그녀는 키가 엄청스레 크다. 도무지 일상에서는 입지 못할, 패션쇼에서 모델들이나 걸치고 나올 법한 의상을 두르고 급작스레 내게 왔다. 은빛 줄무늬는 직선이었다가 어느 때는 사선으로 변하기도 한다. 이번엔 그녀가 무림의 검객처럼 날카로운 칼을 들고 나타났다. 양날의 검은 광선의 각도에 따라 몸의 색깔을 조금씩 바꾸곤 한다. 세찬 바람에 줄무늬 옷을 휘날리며 거친 호흡으로 세상에 칼날을 휘두른다. 네거리에 달린 신호등의 목이 떨어지고 가로수가 어이없이 뿌리뽑혀 쓰러진다. 그녀는 지금 몹시 위험하다. 화가 머리끝까지 차오르면 세찬 물살을 일으켜 온 마을을 인정사정없이 휩쓸어버린다. 연대連帶한 세력인 천둥과 번개가 그녀를 도우면 어른들은 문단속을 단단히 하고 아이들은 이불을 뒤집어쓴 채 곧이어 다가올 불길한 조짐을 점쳐보기도 한다.

그녀처럼 나도 위험한 때가 있었다. 내 손에 무소불위의 권력이라도 쥐어진 것처럼, 나만의 잣대로 사람들을 판단하고 마음대로 잘라냈다. 어느 순간, 그들에게 아픈 상처를 주었다고 생각하여 깊이 용서를 빌며 마음을 비우겠다고 인생 선배에게 말했을 때, "마음을 비우겠다는 너의 생각 그 자체가 얼마나 큰 욕심인지 먼저 깨달아야 한다."며 폐부를 찌르듯 단호한 일침을 놓았다. 그때까지도 벗어 던지지 못한 오만함이 내게 남아있다는 것을 그는 눈치챘었던가 보다. 간담이 서늘해졌다.

아스라한 하늘에서 비가 떨어질 때, 그들은 서로 마주 닿지 않을 만큼의 거리를 가늠하여 엇비슷한 무게로 몸을 나눠 하나하나의 빗줄기가 된 것이리라. 하지만 제 몸을 어디에 떨굴 것인가에 대해 사전에 논의하지는 않았을 것이다. 산사山寺마당의 수국잎에 사뿐히 안기거나, 가파른 절벽을 타고 미끄러지거나, 속도가 제어되지 않는 과격한 차바퀴에 깔리거나 그런 것쯤은 아무렇지 않게 받아들이기로 마음먹지 않았을까.

온종일 빗소리에 빠져들었더니 사람이 빗소리 속에 있는 것이 아니라 빗소리가 사람 안에 들앉아 있었다. 비와 비 사이를 비집고 들어가 그 속에 스며들고 싶다. 고귀한 한 방울의 물이 되어 목마른 세상을 촉촉이 적셔 줄 수 있다면 나도 은빛 줄무늬 옷을 입은 그녀와 함께 하늘에서 기꺼이 낙하하고 싶다.

저렇듯 슬픈 얼굴로 어둠 속에서 헤매고 있는 것들, 어느 선창의 새벽 경매시장에서처럼 도매금으로 값 매겨진 내 애달픈 청춘이 어렴풋이 보인다. 살다 보면 닿을 수 없어서 더욱 간절한 것도 있다. 내가 한사코 달려가 닿고자 한 세상은 내가 생각한 거리보다 조금 더 먼 곳에 있었던 모양이다. 아직도 읽어내지 못한 삶의 언어들이 하나둘 제 자리를 찾아간다. 이제 더는 빗소리에 젖지 않으련다.

| 작가노트 |

젊었을 적엔 비 내리는 날이 좋았다. 우산을 쓰지 않고 비와 내 몸을 한 데 섞었다. 아마도 그때는 감당하기 힘든 삶의 무게 때문에 자포자기의 심정이었는지도 모른다. 그래서 시간이 필요했고 그런 나를 위로한답시고 내리는 비를 그저 맞고 다녔다. 비를 맞으며 걷다가 이따금 하늘을 올려다 보았다. 그럴 때 내 눈에 들어온 것은 저 멀리 높은 교회 첨탑 위, 우리가 지은 죄를 사하려고 십자가에 못 박힌 예수의 형상이었다.

작년 겨울에 무턱대고 이사한 주택은 웃풍이 심했다. 바람을 피해 현관이며 창문이며 죄다 걸어 잠그고 몇 달을 은거하다시피 했다. 봄비가 몇 날 며칠 동안 창문을 노크했지만, 나는 한번도 창문을 열어주지 않았다. 누구는 단비라고 하지만, 대지가 받을 축복보다 습기로 가득 찬 집안 공기에 내 몸과 마음은 자꾸만 밑바닥으로 가라앉았다.

그러던 어느 날 아침, 요란한 새소리에 잠을 깼다. 오래 닫아 둔 창문을 여니, 찬란한 햇살이 순식간에 방안을 점령하여 온통 황금색 기운이 가득 찼다. 창밖으로 보이는 앞산의 나무들이 수십 걸음 내게로 성큼 다가선다. 왜 진작 창문을 열지 않았을까.

시간이 나를 구원할 때가 있다. 기다리다 보면 죽을 것 같이 힘든 일도 곧 무덤덤해진다. 줄기차게 내리는 비를 피하지 않고 그냥 맞는 것처럼 슬픔은 슬픔대로, 고통은 고통대로 그냥 받아들이면 거짓말같이 아무렇지도 않은 일상으로 돌아온다.

| 수상작 외 2편 |

압력솥

저것은 생김새가 다른 부비트랩이다. 아니다. 별도의 점화장치가 있는 클레이모어다. 아뿔싸! 자세히 보니, 누군가가 가스 불 위에 설치한 시한폭탄이었구나.

"째깍째깍…" 예정된 시각까지 이제 얼마 남지 않았다.

마지막으로 꼭 할 말이 있다는 듯, 더는 참기 어렵다며 시한폭탄의 추는 맹렬한 기세로 회전한다. 엄청난 속도로 어둠을 관통하는 고속열차처럼 숨이 가쁘다. 하지만 쉽게 지치지 않는다. 강력하고 뜨거운 그 힘은 도대체 어디서 나오는 것일까. 밀폐된 공간에 압축된 무언가가 강철로 무장한 몸을 찢고 곧 터져 나올 기세다. 요구를 묵살하면 곧바로 자폭할지도 모른다는 협박처럼 그 소리가 다급하다.

　얼른 조정 스위치를 찾아야 한다. 카운트다운에 돌입한 시한폭탄은 뜨거운 열기와 압력으로 팽창되어 마침내 우리 집은 폭발하고 말 것이다. 날카로운 금속 파편이 천장으로 튀어 오르고 사방으로 터져 엄청난 살상력을 발휘할 수도 있겠다. 소리는 점점 커지고, 점점 빨라지고, 점점 가까워진다. 터지는 순간을 알 수 없어 마음이 조마조마하다. 끓어오르는 격한 분노가 저 속에 가득 차 있다.

　우리네 일상이 마치 시한폭탄을 안고 사는 듯하다. 저녁 9시 뉴스를 들으면 저마다 위험한 화약고를 가슴에 쟁여두었다가 애먼 곳에다 터뜨리는 바람에, 세상엔 사람다움이 들어설 자리가 너무 비좁아졌다는 생각이 든다. 화려한 겉과 달리, 속으로는 아픔이 깊이 파고들어 이따금 절망이 희망보다 더 설득력 있게 다가오는 날들도 있다. 하지만 어떻게든 살아내야 하는 한 생이기에, 나약한 생존의 단서만으로도 모두의 가슴속에 희망이 일렁이기를 바라는 것은 단지 나만의 생각일까.

　딱 지금 내 나이쯤 되었을 때의 엄마를 기억한다. 잘 지내다 갑자기 가슴이 답답하고 울화가 치민다며 찬 겨울인데도 창문을 벌컥 열어젖혔다. 잦은 사업의 실패로 하루가 멀다고 술판을 벌여 밤늦게 귀가하는 남편과, 번갈아 가며 사고를 치는 철부지 삼남매와 날마다 실랑이하다 보면 어찌 속에서 천

둥 번개인들 치지 않았을까. 가정을 등한시한 아버지 대신 엄마는 남의 집 품팔이를 해서라도 작은 쌀독을 매일 채웠다. 젊었을 땐 안 해본 일을 하려니 손이 짓무르고 다리가 퉁퉁 부었지만, 새벽이 되면 앞치마를 질끈 매고 부엌에서 밥을 지으셨다.

"힘든 하루를 견디려면 밥심이라도 있어야지."

엄마는 완고한 쇠붙이의 둥근 몸속에 얼마나 많은 것들을 욱여넣었을까. 가난의 고통, 세상에 상처 입은 자존심, 자식들이 바라는 것들을 무엇 하나 선뜻 내어주지 못하는 애달픔… 가녀린 몸과 쓰라린 마음으로 품어 안을 수 없었던 모든 것들을 용광로 같은 밥솥 안에 켜켜이 쌓아 밀봉한 뒤 강력한 화력으로 형체도 없이 녹여내고 남김없이 태워 버리고 싶지 않았을까.

누군가가 희망을 이야기할 때 희망은 언제나 환멸을 동반한다. 그러나 환멸 속에서 다시 희망을 찾을 수밖에 없는 것이 인간의 삶이 아니던가. 압력밸브와 추 사이에서 빠져나오는 불협화음은 엄마가 세상을 향해 내지르고 싶었던 비명이고, 억압된 감정의 응어리를 발산하는 신호였는지도 모른다. 억울하고 가슴 아픈 것들은 저렇듯 소리를 내는 것인가보다. 어쩌면 압력솥에 한 영혼이 스며들어 비장한 노래를 엄마 대신 불러주었을는지도.

삽시간에 밥 탄내가 주방을 점령한다. 수차례 경고음이 울렸지만, 내 생각은 딴 곳에 가 있었다. 압력밸브 추를 억지로 한쪽으로 기울인다. 팽창되어 있던 솥은 씩씩거리며 뜨거운 김을 내뿜는다. 한 김 빠진 솥뚜껑을 여니, 밥의 절반은 바닥에 눌어붙어 있다. 우선 찬물로 열을 식혀주고 어떻게든 수습을 해보려 하지만, 밑바닥에서 올라온 시커먼 물이 쇠솥 안에 가득 차오른다. 눈치껏 덜어낸 밥도 화근내가 나서 선뜻 식탁에 놓을 자신이 없다.

숱한 시행착오 끝에 이제는 압력솥과 화해하게 되었다. 시간만 잘 지키면 새까맣게 탄 솥의 바닥을 더는 긁어내지 않아도 된다. 그 요상한 물건은 아무리 질긴 나물도 부드럽게 만들고, 견고한 뼈다귀조차도 단시간에 흐물흐물 녹여내는 묘한 재주를 가졌다.

"딸깍", "칙, 칙, 치이이익…."

딸랑거리는 압력솥의 추가 심상찮다. 이제껏 참아왔던 숨을 한꺼번에 몰아 내쉰다. 깊은 바다에서 물질을 하고 올라온 해녀의 숨비처럼. 어쩌면 오랜 병을 앓다 마지막으로 내뱉은 엄마의 가느다란 신음 같기도 하다. 가슴 밑바닥에서 끌어올린 울음 섞인 노래를 꺼이꺼이 부르다가 마침내는 목이 잠긴다. 흘러나온 슬픔의 자국이 쇠붙이의 둥근 몸을 따라 몇 가닥 수직의 길을 내고, 젊은 날 삶의 격정으로 부글부글 끓어오르던 시간들은 일순 멈춰서며 사위가 고요해진다.

누군가를 위해 한 끼 밥을 짓는 일은 먹고 산다는 것의 안쪽을 들여다보는 비애다. 따순 밥의 온기를 나눠주려고 새벽마다 밥솥에 쌀을 안쳤던 당신의 수고로움에 가슴이 먹먹해 온다. 진부하긴 하지만 꾸역꾸역 이어지는 삶의 일상성은 그 얼마나 경건한 일이던가.

  위험한 물건을 유산인양 물려주고 내가 안전하게 길들이게 되기까지, 저기 식탁 끝에 앉아 조용히 지켜봐 주던 당신은 이제 내겐 없는 사람이 되었다. 엄마의 언어를 지금에라도 이해하는 것은 엄마의 삶을 나도 똑같이 살아왔기 때문이다. 가끔은 암담한 생의 뒤편에서 울먹거리는, 엄마라는 이름을 가진 또 다른 여자와 맞닥뜨리기도 한다. 과거의 내 삶은, 시간을 조절 못해 밥을 태우고 성급하게 뚜껑을 열려다가 손을 데고 뜸을 제대로 들이지 못한 어설픈 날들이었다. 압력솥의 밥알들이 잘 익었는지, 설익었는지 뚜껑을 열지 않고도 알 수 있다면 얼마나 좋을까. 한 걸음 다가서면 꼭 그만큼의 거리로 멀어지는 난해한 글의 행간처럼, 아직도 누군가의 마음을 읽는 일에 익숙지 못하다.

  구수한 밥 냄새에 허기가 진다. 밥솥 하나가, 집 한 채같이 무거운 저녁을 끌고 간다.

| 수상작 외 2편 |

장마

비 내리는 날은 낮부터 불콰하게 취하고 싶다. 어쩌면 정작 술 취하고 싶은 것은 내가 아니라 무료한 나의 나날들일 것이다. 비에 젖어 한결 선명해진 원고지 칸 같은 보도블록을 따라 걷는다. 서툴고 어설픈 보행으로 비틀거리며 잘못 써온 일상들이, 빗물을 게워내는 보도블록처럼 울컥울컥 솟구친다. 이런 날은 병원 진료 때 의사가 미처 발견하지 못한 고장 난 몸이 낡은 가죽 부대 속에서 삐져나와 뼛속까지 침투한 통증을 슬그머니 건네주고 간다. 삶이란 하나의 거대한 착각. 내 좁은 시야로는 그 큰 그림을 제대로 볼 수 없어 용을 쓰다보니 온몸과 마음이 시도 때도 없이 욱신거린다.

장마철 소나기는 항상 비를 피해 뛰는 내 발걸음보다 먼저 당도했다. 삽시간에 빗줄기는 시야를 가린다. 시커먼 먹구름 사이로 번쩍하고 나타났다 사라지는 번개는 고막을 찢을 듯 우렁찬 천둥소리를 불러와 지구를 통째 삼켜버릴 듯하다. 곧이어 벼락이 지면까지 내려와 높고 뾰족한 곳을 강타한다. 지상의 키 큰 나무들을 쓰러뜨리고 사람까지 해치는 벼락의 조짐이 보이면 일단 몸을 낮추고 피하는 게 상책이다.

한차례 소나기 지나고 난전에서 말린 생선을 파는 할머니가 비 맞으며 앉아 있던 자리, 생선 궤짝을 여러 개 엎어 만든 나무 의자와 척추가 굽어버린 할머니의 등허리가 지켜낸 아직 젖지 않고 고실고실한 땅 한 조각. 일평생 한 번도 그 장소를 떠나지 않았던 것처럼 할머니가 앉았던 자리엔 시간의 몸을 입은 기억이 산다. 할머니의 윗대, 또 그 윗대의 윗대가 살아오는 동안 풍화되고 침식되어 형성된 삶의 역사가 중생대 백악기의 퇴적층처럼 차곡차곡 쌓여 있다.

미처 수습하지 못한 비설거지처럼, 남몰래 숨어든 삶의 그림자가 내 눈 밑의 다크서클처럼 짙어져 간다. 어찌 비설거지할 것이 열어놓은 내 집 장독 뚜껑을 덮는 일뿐이랴. 외롭고 고달픈 삶 속에 의지할 곳 하나 없는 이웃의 아픔을 사랑으로 덮는 일이 더 절박하고 급한 비설거지가 아닐까.

한 남자가 다리를 절룩이며 맞은 편에서 걸어온다. 비에 흠뻑 젖은 그 남자의 운동화가 걸음을 옮길 때마다 아버지의 오래된 기침처럼 쿨럭거린다. 슬쩍 비껴지나 간 그의 얼굴이 몹시 일그러져 있다. 긴 장마에 비 채비도 없이 나온 그는, 옷과 신발이 젖는 것 따윈 아예 안중에도 없었던 걸까. 아니면 저 거센 빗줄기를 일부러 맞고 복잡한 머릿속의 생각들을 다 씻어내려 한 것일까. 어쩌면 그에겐 비를 받을 우산보다, 함께 비를 맞고 걸어줄 누군가가 더 필요했을지도 모른다.

비 내리는 풍경은 어디든 낯설지 않다. 바람은 손이 보이지 않는 지휘자, 빗줄기는 천상에서 지상으로 떨어뜨린 거대한 가야금의 현絃이다. 수천, 수만 개의 나뭇잎 건반들이 "통통통" 튀어 오르며 비의 교향곡을 연주한다.

어릴 적, 놀다 늦어지면 꾸중 들을 것을 걱정하며 잰걸음으로 걷던 길모퉁이가 바람에 등이 휜 채, 나를 기다리며 서 있다. 모퉁이를 돌아서면 자그마한 집과 집들이 어깨를 맞댄 소박한 골목이 보인다. 끝날 것 같은 골목이 또 다른 길의 시작점에 닿아 있다는 것을 알게 되는 일은 늘 새로운 모험이기도 했다. 그 골목 끝에 어린 시절의 내가 어렴풋이 보인다. 가끔은 어른이 된 지금도 골목길 야트막한 담벼락 아래 몸을 숨기고 싶을 때가 있다.

이제껏 '나'라는 책을 읽어내려고 안간힘을 써왔다. 매번 긴장되었지만 애써 경건한 얼굴로 책 속의 문장들을 읽어 내려갔다. 바짝 붙어 있을 것이라 믿어온 행간과 행간은 시간의 사다리를 놓고 오르기엔 너무도 이격되어 있었다. 세상 누구든 크고 작은 문제들을 떠안고 살기에 고달프고 외롭기는 매한가지지만 내 슬픔 하나만 더 크게 보였었다. 장마처럼 주체할 수 없이 누수된 감정은 삶의 바닥을 흥건하게 적셨다. 습한 기운을 견디다 못한 반지하 방의 벽체에 검은 곰팡이가 피어나듯, 울적하고 허망한 마음은 숨쉬기가 힘들 정도로 나를 옥죄고 있었다. 맺힌 울분의 찌꺼기들을 쏟아내고 절절한 통한의 눈물을 흘려도 받아줄 이 없는 적적함과 나눌 이 없는 막막함을 그저 견뎌내야만 했다.

문득 혼자라고 느껴질 때, 아픔이 목젖까지 차오르면 금정산성 아래 막걸리 집을 찾아든다. 걸쭉한 반죽으로 부쳐낸 해물파전을 시켜놓고 막걸리 한 사발을 들이켠다. 묵직한 술의 무게감과 후끈한 알콜이 위장을 타고 흘러내린다. 삶은 뜨거운 것이라 살아보아야 비로소 그것이 삶이 되는 것이라고 옆자리에 앉은 누군가가 혀 꼬부라진 소리로 말했다. 막걸리를 마실수록 취하기는커녕 더욱 말짱해지는 내 머릿속에 그 말이 와서 콕 박혔다.

삶에는 창공을 날아오르는 모험보다 절벽을 뛰어내려야 하는 모험이 더 많았고, 성공이란 종이비행기와 같아 접는 시간보다 날아다니는 시간이 훨씬 더 짧다는 것을 알게 된 것도 이즈음이다. 아무리 읽으려 해도 지금 내 앞에 펼쳐놓은 생의 한 페이지는 난이도 최상의 해법수학처럼 잘 풀리지 않는다. 이 난해한 페이지에 머물지 않고 그냥 슬쩍 넘겨버리면 내 삶의 방향이 조금은 달라질 수 있을까.

 집으로 돌아와 비에 젖은 옷을 털어 벽에 건다. 눅눅한 벽에 박혀 혼자 삭아가던 저 못도 한 번쯤 옮겨 앉고 싶다는 생각을 하지 않았을까. 장마철에 에어컨의 제습 기능을 켜 집 안의 습기를 제거하듯, 축축하게 젖어 불어 터진 내 삶의 감정들을 비틀어 짠다. 어쩌면 나로 인해 아침부터 날 어두워진 것들, 나 때문에 눈물로 젖은 것들 셀 수 없을 만큼 많았으리라.

 긴 장마 끝 우울했던 하늘이 걷히는 날, 눅눅해진 옷과 책을 널고 곡식들을 꺼내 말리던 쇄서포의曬書曝衣의 풍습처럼, 젖어있어 쿰쿰해진 내 마음부터 거풍하고 햇볕에 내다 말리고 싶다. 때때로 모든 것 내던지고 도망가고 싶은 만신창이 별이지만, 소나기 지난 뒤 반짝 비치는 햇살만큼 눈 부시고 환한 설렘을 단 한 순간만이라도 품을 수 있다면 오늘보다 한결 더 나은 내일을 만날 수 있지 않을까.

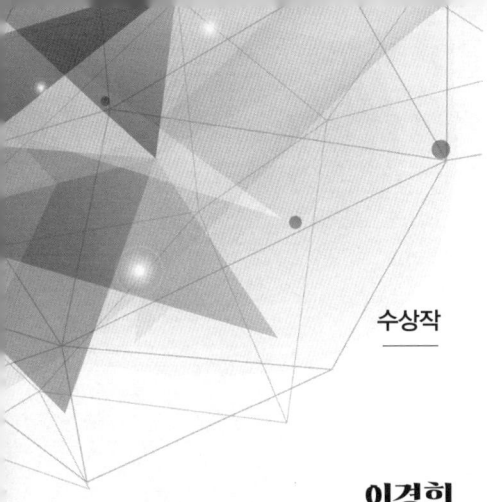

수상작

이경희

색의 잔상殘像

| 작가노트 |

⋮

―――

수상작 외 2편

〈다시〉
〈정, 비빔밥 같은 것〉

이경희
2022년 《수필과비평》 등단
수필과비평작가회의 회원, 영일만시낭송예술협회 회장
수상: 2016년 평생학습 중심대학 지원사업 우수사례 공모전 장려상,
2022년 제49회 신라문화제 전국 향가 시낭송대회 대상

| 수상작 |

색의 잔상殘像

 가을의 마지막 절기인 상강霜降도 지났다. 어디를 가도 가을의 정취가 가득하다. 해 질 녘, 현란한 단풍 숲속을 거닐다 노을 품은 한 무리 댑싸리 군락지 앞에 걸음을 멈춘다. 붉은색만이 아닌 인공적 물감으로는 흉내 낼 수 없는 파스텔톤의 어우러짐에 감탄한다. 생을 다해 말라 있는 황톳빛 댑싸리조차 석양에 아름답다. 형형색색의 빛깔 하나하나가 자기만의 색을 추구하며 견뎌낸 삶의 색들이 고귀하다. 문득 한 생을 품었던 시간의 에너지가 남긴 저 색들의 잔상이 인간의 삶을 떠올리게 한다.
 세상은 다양한 색의 결집체이다. 나도 그 속 하나의 색일 것이다. 색은 시간이 지날수록 탈색되거나, 변치 않거나 때로는 아쉽게도 본연의 색을 완전히 잃어버리고 이도 저도 아닌 희멀건 경계의 색으로 남기도 한다. 나는 푸른 싱그러움으로 눈과 마음을 채우는 초록색을 무척 좋아한다. 여름날 빛났던 내 청춘의 색이기도 하지만 편안함과 안온함을 동시에 느껴서다. 시원하지만 따뜻함이 없는 양면성의 파랑은 조심스럽다. 따뜻함을 한껏 뿜어내는 노랑이 주는 느낌은 포스근하지만 설렘이 없다. 인생의 황금기인 중년의 정열적인 빨강은 왠지 망설여지면서도 다가가 보고 싶은 색이다. 그리고 점차 황혼을 향해 가는 듯한 저 황톳빛도 나태한 내 눈과 무딘 감성에 노릇한 온기로 점점 다가오는 것은 왜일까.

초록 물결로 출렁이며 나의 오감을 자극하던 이십 대엔 모든 것이 그저 감사로 충만했고, 뭔지도 모를 무언가를 꼭 해야만 할 것도 같았지만 그조차도 행복이었다. 때론 연두에 설레고 초록에 한껏 부푼 내 마음을 더 높이 띄워보기도 했었다. 그러나 사회인으로 홀로 서면서 제각각의 개성으로 색을 무장하고 다가오는 인연들이 내 존재 가치를 깡그리 앗아가기도, 나의 마음을 휘저어 놓기도 했다. 어설프기만 했던 나는 누군가의 언행이나 겉모습만으로 그만의 색을 가려내기란 쉽지 않았다. 누군가 초록의 모습으로 왔다면 다가오는 이들은 모두가 초록일 거라는 단순세포적인 생각 때문이었다.

때론 삶이란 변화무쌍하여 미묘하게 다가오기도 했다. 분명 초록이었는데 어느새 청록이 되고, 노랑이 되고, 빨강이 되어 낯설게 나타날 때는 적잖이 겁도 나면서 당황스럽기도 했다. 미처 적응하지 못하고 우물쭈물하는 사이 상대가 본연의 색을 잃었다고 실감할 때는 이미 늦어 내 상처는 곪고 있었다.

어느 날, 분홍빛으로 응원하며 내게 손뼉을 쳐 주던 이들이 상황이 달라졌다고 돌아서면서 시퍼렇게 날 세운 침묵을 견뎌 낸 적이 있다. 오롯이 짐 진 삶으로 살면서 비참함에 밤잠 설쳤고, 당황스러울 정도로 울컥했다. 응어리를 뱉어내지도 못한 채 무언의 눈길로 애애히 견딜 때, 차라리 사장死藏된다는 말보다 버려진다는 느낌이 더 들었다. 그들이 보여준 본연의 색이 퇴색되면서 이면의 잔상으로 고스란히 남아 분노하고 자괴감으로 힘들었다.

배신이란 글자를 누구도 좋아할 리 없을 것이다. 그러나 좋아하지는 않지만 실행하기란 그리 어렵지 않나 보다. 또한 세상엔 비밀이란 존재하지 않는다고 말하지만 존재한다고 믿어왔던 나였다. 그런데 그 믿음이 종종 어긋날 때가 있었다. 누구보다 서로 마음을 나누고 신뢰하며 돈독한 믿음을 나누는 사이라고 생각했는데 아니었다. 가까운 이가 말없이 떠나 버릴 때는 영문도 모른 채 야속해하며 원망도 했다. 말 한마디라도 남길 수 있는 사이라 여겼었는데 고작 그 정도의 관계였다는 생각에 슬퍼했던 기억도 있다. 처음 본연의 색을 숨기고 다가와 희미한 무채색의 흔적을 남기고 떠난 이는 알까. 자신의 기준에서 심지어 곱지 않은 생각으로 상대를 판단해 버리는 오류로 상대방이 받을 상처를.

사회생활을 하면서 다양한 색의 사람들을 만나 스며들기도 하고 푹 빠지기도 하며 그 잔상들을 보았다. 황홀한 색상으로 달곰하게 다가왔다 쌉싸름한 맛과 경계를 잃은 무채색의 잔상으로 사라지는 이도 보았고, 강물이 바닷물에 스미듯 다가와 신비한 색의 잔상으로 남는 이도 있었다. 주위에는 화끈한데 쫄깃한 맛처럼 특별하거나, 달싹하면서도 쌉싸름하니 그저 그런 편안한 느낌의 색으로 존재하는 이들이 더 많다는 걸 느끼는 요즈음이다. 그래서 세상은 아직 바라볼 만하다. 패륜과 흉악한 범죄가 범람하지만, 그래도 아직 세상은 곱고 따뜻한 색을 지닌 이들이 더 많아 살만하다.

훗날 내 색의 잔상은 어떤 색으로 비칠까. 한때는 세상이 온통 내가 좋아하는 초록 물결로만 출렁거렸으면 하기도 했다. 그러나 우리 삶의 빛깔들이 다양함을 추구하며 견디는 삶이 고귀하다고 생각이 든 것은 마흔이 넘어서였다. 이제는 치이고, 부딪혀 긁히면서 생긴 상처도 고운 빛으로 아물 때 너 의미 있음을 아는 나이가 되었다. 너무 강렬한 색으로 경계의 대상이 되지도 말고, 너무 어둡고 불투명해 가까이 오기 두려워지는 색이 아닌 댑싸리의 저 파스텔 톤의 어우러짐만이 있는 아름다운 세상의 일원으로 살고 싶다.

세상은 각양각색各樣各色의 색이 있어 아름답고 희망이 있듯, 나 또한 그 색들에 기꺼이 섞여 어우러지리라. 그렇다고 그들의 색을 내 방식대로 채색하지도 않을 것이며, 눈에 거슬리게 불거지는 색으로 다가가지도 말 것이며, 내가 누구에게 길들기를 거부하듯 누구를 길들이려 채색하는 수고 또한 않을 것이다. 따사롭던 햇살이 차가운 공기에 그 세력을 내주고 사라지듯, 어떻게 살아야 하나의 불안감과 어떻게든 살아내려는 읊조림 사이에서 나만의 색으로 흘러보리라.

| 작가노트 |

나는 글을 통해 색을 바라본다. 우리가 살아가는 순간들은 저마다의 색을 지니고 있다. 기쁨은 따뜻한 노랑으로, 슬픔은 잔잔한 푸른빛으로, 그리움은 저녁노을 같은 붉은빛으로 우리 마음속에 남는다. 색은 단순한 시각적 요소를 넘어 감정을 담아내는 그릇이며, 기억의 흔적을 붙잡는 매개체다.

〈색의 잔상〉은 내가 살아오면서 스쳐 간 풍경과 사람들, 그리고 그 속에서 느낀 감정들을 색으로 풀어낸 기록이다. 우리는 매일 수많은 색을 마주한다. 하지만 시간이 지나면 그 색은 점차 희미해지고, 결국 기억 속에서 사라지곤 한다. 나는 글을 통해 그 색을 되살리고, 사라지지 않도록 붙잡고 싶었다.

어린 시절, 나는 바닷가에서 자주 놀았다. 푸른 파도와 하얀 모래, 그리고 저 멀리 붉게 물드는 저녁노을을 바라보며 자랐다. 그 풍경은 단순한 자연의 모습이 아니라 내 유년 시절의 감정이 고스란히 담긴 하나의 '색'이었다. 시간이 흘러도 그때의 따뜻함과 설렘은 내 마음속에서 여전히 선명하다. 이렇듯 색은 단순한 이미지가 아니라 우리의 감정을 기록하는 언어다.

사람에게도 저마다의 색이 있다. 어떤 이는 맑고 투명한 파란색 같은 사람이고, 또 어떤 이는 따뜻한 오렌지빛 같은 사람이다. 우리는 서로 다른 색을 지닌 채 만나고, 스며들고, 때로는 섞이며 새로운 색을 만들어간다. 나 또한 누군가에게 의미있는 색으로 남기를 바라며 글을 쓴다.

이 글을 읽는 독자들에게도 저마다의 색이 있을 것이다. 삶이 힘들어질 때, 모든 것이 회색빛으로 보일 때, 문득 떠오르는 한 줄기 색이 있다면 그것이 바로 당신을 이루는 소중한 기억일 것이다. 나는 〈색의 잔상〉을 통해 독자들이 자신의 삶 속에서 잊고 있던 색을 다시 발견하고, 그 의미를 되새기는 시간이 되기를 바란다.

색은 사라지지 않는다. 다만 우리의 기억 속에서 희미해질 뿐이다. 이 글이 당신의 마음속 깊이 남아, 오랫동안 잔상으로 남기를 바란다.

| 수상작 외 2편 |

다시

다시, 찾은 청명晴明의 태종대 벚꽃은 오달지게 피어 만발했다. 나무랄 곳 없이 갸륵했다. 보송송한 꽃잎들과 무장무장 노닐며 추억 사냥에 나선다. 연신 감탄사를 쏟아내며 꽃보다 내가 주인공인 양 모델의 자태를 흉내내며 카메라 속에 담는다. 벚꽃 동굴을 지나며 이웃 나라에서 온 공주님이 되어 사뿐사뿐 뛰며 치맛자락도 살짝 치켜올려 본다. 꽃을 보기 위해 위로만 향하던 시선을 돌려 바다를 본다. 멀리 보이는 새파란 바다의 청량함이 더해져 오랜만에 찾은 고향 부산은 봄비 부르던 잿빛 구름이 걷힌 뒤, 포스근히 나를 안아준다.

반락般樂하며 내려오다 접쳐진 발에 잠시 걸음을 멈추었다.

내려다본 바닥엔 짧은 봄의 흔적들로 흥건하다. 잠시나마 곱게 피었다 꽃 진 자리엔 밟히고 밟혀 흉하게 널브러져 있다.

혹독한 추위를 이기고 따스한 봄햇살에 연두한 싹을 틔우고 환호성을 한껏 받았던 꽃이 아니던가. 이제는 더이상 꽃이라는 이름으로 사랑받지 못하고 땅으로 떨어지는 순간 거리를 더럽히는 골칫덩이가 되어버린 아릿한 꽃잎들. 봄은 정녕 다 내려놓고 떠나려는가. 내가 떠난 이곳에 저렇듯 꽃은 무심히 피고 지며 아름답게 세상에 펼쳐 놓았을 터. 다시 마주한 나의 봄은 꽃피고 열매 맺은 채 어디쯤 가고 있을까. 눈길조차 받지 못한 채 바닥에 떨어져 밟힌 꽃잎들에 생각이 머문다.

축복 속에 태어나 부모라는 나무에 매달려 온갖 사랑을 받으며 사회 속에 묻혔다. 스스로의 능력이라 여기며, 언제나 당당했고 두려움이란 없었다. 젊음의 패기였을까. 부모의 든든한 그늘이었을까. 어느 쪽도 부인하지 못하겠지만 그 어느 쪽도 영영 나를 지켜주지 못한다는 걸 알았을 때는 너무 늦은 뒤였다. 냉정히도 가는 세월 앞에 젊음도 부모도 나를 지켜주지는 못했다. 삶이란 오롯이 나만의 몫인 것을, 홀로서기를 알아차렸을 때는 이미 내 안의 꽃잎들이 적지 않게 떨어지고 있었다. 하지만 지금은 아름다움의 절정에 다다른 벚꽃들의 모습에서 나도 늘 하루하루를 내 인생의 전성기라 여기며 삶을 누린다. 더이상 떨어지지 않으리라고, 더이상 떨어뜨리지 않으리라고 안간힘을 써 보기도 한다. 사뭇 나의 삶만이 이러하지는 않으리라는 스스로에 위로도 해 본다. 누구도 눈길 주지 않는 흉하게 나뒹그러진 꽃잎들에 접쳐진 내 발이었지만 뽐내며 한 컷 사진을 찍고 인사를 건넨다.

얼마쯤 내려왔을까. 오륙도가 보인다. 옛날에는 오륙도와 가장 가까운 육지에 나병환자촌이 있었다. 지금은 소록도 같은 한센병 환자촌으로 이전을 하고, 초고층 아파트 숲으로 과거의 낙후된 모습은 찾아볼 수 없다. 부산의 랜드마크로 자연물인 섬 오륙도는 육지와 이어진 작은 반도였으나 오랜 세월 거센 파도에 의한 침식 현상으로 육지와 분리되었다는 설說이 있다. 단단한 바위도 증발해 버리는 물 따위의 집요한 힘에는 이겨내지 못했나 보다.

후덕해 보이는 어머니가 아이 두 명을 안고 있는 모자상이 보인다. 뒤로 가서 내려다본 바다는 시퍼런 물살을 가르며 철썩이는 광경은 악연愕然했다. 슬픈 사연을 가진 모자상이다. 6·25전쟁 당시 피난길에 가족 중 손을 놓치면 영도다리에서 만나기를 기약하고, 가족을 만나기 위해 기다리는 사람이 많았다. 그중에 더러는 기다림에 지쳐서 바다에 빠져 생을 마감하는 사람들이 생겨나 모자상을 보며 자살을 방지하려는 어느 교수의 조각작품이다.

영도다리는 나에게도 웃픈 사연이 있다. 8남매의 막내인 나는 늘 언니, 오빠들에게 놀림을 받기 일쑤였다. 나의 고향은 영도다리이고, 나의 진짜 엄마, 아버지가 나를 버리고 가서 불쌍해서 주워 왔다며 박수를 치며 놀려댔다. 어린 나이에 뭔지는 몰랐지만, 그저 주워 왔다는 말이 그리도 서러웠다. 그러고 보니 저 영도다리는 그 시절, 어린 아이들에게는 공포의 존재였음을 어른이 되어서야 알게 되었다. 어린 시절 나를 그토록 울게 했던 영도다리는 잔밉게도 너무나 웅장하고 멋있다.

부산에서 태어나 27년을 살았지만, 반대편에 있는 태종대에 가 본 기억은 한두 번이다. 기억은 잊었던 기억에 덧입혀진 기억의 회로를 뚫고 미화되어 나타나는 모양이다. 30여 년 만에 다시 찾은 태종대는 흐드러진 벚꽃에 내 삶을 되돌아보게 했고, 떠억하니 단단히 자리 잡고 있는 오륙도에서는, 바람 앞에 촛불이었을 연약함에 생신生新한 용기를 얻었다. 또한 슬픈 사연의 모자상은 어린 날 내 순수함을 기억하며 미소 짓게 했다. 다시 30년을 보내고 나면 그때는 떠나온 부산이 아닌 내 삶의 터전인 포항에서의 정착된 행복한 일상을 그려볼 수 있으리라 기대해 본다.

오늘도 내 기억은 자라서 키가 자라고 날개가 돋아 그 영역을 넓혀 간다. 다시, 포항 하늘 아래 어느 아파트 베란다 앞에서 나를 기다리는 햇살에게 페퍼민트차茶 슬며시 한 잔 건네며 나직이 속삭여 본다.

'내 고향 부산은 안녕하시더이다.'

| 수상작 외 2편 |

정, 비빔밥 같은 것

지난여름은 유난히 비빔밥을 많이 먹었다. 열대야에 잃은 입맛을 콩나물, 고사리, 당근, 달걀지단, 새싹의 고명으로 고추장 한 숟가락에 깨소금, 참기름을 넣어 쓱쓱 비벼 크게 한 입 넣어 비비듯 씹었다. 씹는 동안 재료 본연의 갖가지 식감과 섞임의 오묘한 맛이 행복 한 아름을 가져다주었다. 비빔밥에 열무비빔밥도 빼놓을 수 없다. 열무는 예전엔 여름철에 사이짓기로 재배되었으나 요즘에는 도시 근교를 중심으로 집약적으로 재배되고 있다. 생육 기간이 짧아서 1년에 여러 번 재배할 수도 있다니 얼마나 다행인가. 주로 김치를 담가 먹으며, 물냉면이나 비빔밥의 단골 재료로 등장한다. 소박한 듯 친근한 우리 식재료다.

비빔밥에는 제각각의 맛을 내는 여러 가지 나물들이 모여 맛을 낸다. 하나의 멋진 하모니로 새로운 맛으로 탄생된다. 아삭한 식감의 콩나물, 영양이 풍부한 고사리, 주황과 하양, 노랑의 색감으로 고명의 자태를 한껏 높이는 당근과 달걀지단, 신선함을 더하는 새싹으로 각각의 맛과 멋의 경이로운 조합이다. 이중 어느 하나도 비빔밥의 역할에서 벗어나면 비빔밥의 매력은 떨어진다.

하나 이상이 모여 새로운 맛으로 사랑받는 비빔밥. 비빔밥의 속성으로 자신을 들여다본다. 내 속의 사랑, 무던함, 욕심, 배려, 질투, 사악함 등 갖가지의 마음들이 있지만 사랑스럽고 고운 내면으로 비벼 아름다운 사람으로 살아가고 싶다. 정 나눔엔 정 나눔으로, 고마움엔 고마움으로 어느 하나 빼어나 아름다움을 헤치지 않고 사랑이 욕심을 감싸고 배려가 질투를 끌어안아 사람 꽃 향기 그윽한 남은 여년이 되고 싶다.

누구에게나 있을 법한 가장 힘든 시기가 있었다면 나에게는 2015년 전후쯤이다. 2016년 12월 찹쌀떡 선물 세트가 전해져 왔다. 아이들 간식거리로 참 고맙고 반가운 선물이었다. 어디서 보내온 선물인지 상자 안을 보니 명함이 있었다.

"안녕하세요. 오늘 주민센터를 통해서 정성 가득한 찹쌀떡과 여러 간식을 받았습니다. 항상 지나칠 때면 한 번쯤 가보고 싶었지만 가보진 못했네요. 베풀어주시는 따뜻한 나눔에

제 아이들에게 다시금 베풀 수 있는 아름다운 미덕을 가질 수 있도록 잘 교육하겠습니다. 저도 지금은 숨막힐 만큼 힘들지만 언젠가는 따뜻한 나눔을 실천할 수 있는 날이 꼭 오리라 희망을 품어 봅니다. 맛있는 간식 너무너무 감사합니다. 추워지는 날 감기 조심하시고요, 한 해 마무리 잘 되시길 기도드립니다."

당시 내가 보냈던 고마움의 답례 문자 메시지다. 휴대 전화를 바꿀 때마다 백업한 덕분에 아직 남아 있었다. 답장이 왔다. 보내주신 그 분도 정말 힘겨운 날들이 있었지만 떡을 만들면서 이겨낼 수 있었다고. 그 옛날 자기 모습을 보는 듯하다며 지나칠 때 꼭 매장을 한번 들러 달라는 당부의 말씀도 잊지 않으셨다. 하지만 7여 년을 지나치기만 할 뿐 들르지는 못했다. 용기가 없었다.

그러나 당부의 말씀을 뒤로한 채 늘 가슴 한편에 응원의 말씀만 깊이 새기며 살았다. 그 마음으로 감사하는 삶을 산 탓일까. 우리 세 식구는 어려운 고비를 잘 넘겼고, 받은 만큼 정 나눔을 실천하려고 노력하며 살고 있다.

어느 날, 친한 지인과 백화점에 쇼핑하러 갔다. 9층에 가면 그 사장님이 계실까 혼자 생각하며 집으로 돌아가려는 찰나 지인이 공교롭게도 9층에 가서 차茶 한 잔 하고 가자는 말에 9층을 향했다. 가슴이 요동쳤다. 그분이 계신다는 그 매장이었다. 놀라운 건 지인과 그분이 굉장히 친한 사이였다. 잠시 지인에게 사연을 얘기했더니 갑자기 사장님을 테이블로 모시었다. 인사를 했다. 7년 전, XX행정복지센터… 말을 끝내기도 전 사장님께서 XX행정복지센터하면 생각나는 사람이 있다시며 우리는 눈이 마주쳤다. 이내 우리는 눈으로 누구인지를 알아차리고 부둥켜안고 울었다. 이제는 살기 괜찮으냐고, 애들은 잘 컸냐고 연이은 질문에 고개만 끄덕이며 지난날의 안타까움과 감사함을 되뇌었다.

 잊을 수 없는, 잊지 못할, 잊어서는 안 될 내 삶의 가장 소중한 인연이었다. 내 가장 힘들 때 찹쌀떡의 나눔이 얼마나 감사하고 고마웠는지 지금도 그때를 생각하면 코끝이 찡해온다. 그때 그 찹쌀떡은 그냥 떡이 아닌 정 나눔이라는 커다란 희망이었다. 나눔이 얼마나 소중한지, 사람과 사람 사이 또한 비빔밥 같은 맛으로 정이라는 섞임의 아름다운 맛을 보았다. 얼마 전, 사장님께 전해 드릴 것이 있어 문 앞에서 잠시 만났는데 예쁜 가방을 주셨다. 직접 손으로 뜬 정말 소중한 가방을 소중한 사람에게 주고 싶어서 가지고 왔다시며 나에게 건네주셨다. 누군가에게 소중한 인연이 된 듯해서 감격스러웠다.

 비빔밥의 어느 재료도 맛의 범위를 벗어나면 비빔밥의 매력을 느낄 수 없을 것이다. 비빔밥의 경이로운 맛을 내며 나눔을 실천하고 이웃을 사랑으로 감싸는 '포항 롯데백화점 김나운 찹쌀떡' 사장님! 너무도 소중한 인연에 감사드리며, 나눔을 실천하겠다는 약속 지키며 잘 지내고 있습니다. 저 역시 모나지 않는 비빔밥의 재료처럼 어우러져 행복한 삶을 살겠습니다. 정말 고맙고, 감사했습니다.

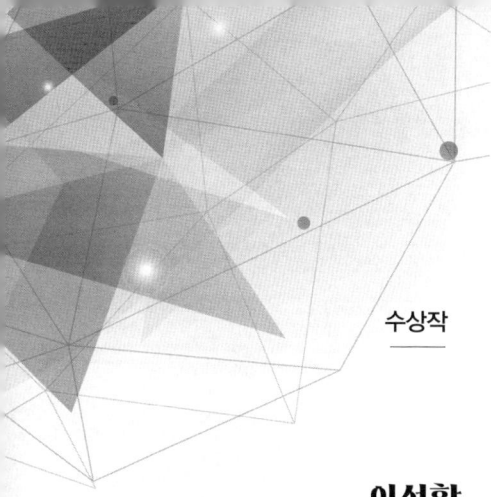

수상작

이성환

역린을 건드리다

| 작가노트 |

⋮

―――

수상작 외 2편

〈그릇〉
〈징검돌〉

이성환
2020년 《수필과비평》 등단
부산수필문인협회, 부경수필문인협회 회원
수필집 : 《마이너스의 손》
수상: 제3회 우하 박문하문학상 대상

| 수상작 |

역린을 건드리다

 벤치 위에 권력 아닌 권력이 누워 있다. 누군가를 꾸짖듯 입을 연다. 장벽처럼 우람스레 서 있는 청사를 향해 손가락질하고, 가끔 소리를 버럭 지르지만 아무도 관심조차 없다. 누구도 저 여인을 통제하거나 간섭할 수 없다.
 법률사무소 서기인 S가 그녀를 처음 본 건 육 년 전이었다. 어느 날 퇴근길에, 지하철역을 향해 카트를 끌고 가는 백발의 여인을 우연히 만났다. 그녀는 실린 짐들이 무거웠는지 차도와 인도 사이의 턱을 넘지 못해 머뭇대고 있었다. S는 난감해하는 여인의 표정을 외면할 수 없었다. 짐을 들어올리고 역내 승강기까지 옮겨 주었다. 카트에는 옷가지와 이불 등 웬만한 세간 살림이 죄다 실려 있었다.

 그 후에도 출근길에 지하철역 근처에서 그녀를 목격하곤 했다. 헝클어진 머리칼과 날카로운 눈매. 밤새 시멘트 바닥에서 몸을 뒤척이며 새우잠을 자고 나온 듯 얼굴은 부스스했다. 그래도 건강 상태가 좋아 보였고, 목욕이라도 한다면 귀부인 태가 나는 얼굴이다. 직장인들이 일터로 출근하듯 여인이 카트를 끌고 가는 종착지는 다름 아닌 검찰청 청사였다. 업무차 S가 간혹 들르는 그곳에서 어김없이 눈에 띄는 그녀. 추운 날씨에는 민원실 컴퓨터 앞에 앉아 있고, 여름철에는 청사 마당 벤치에 누워 있기 일쑤였다.

 그녀는 남의 이목 따위는 개의치 않았다. 하루는 지하철역 출구 근처에서 혼자 거리 공연을 하고 있었다. 혼잣말로 중얼거리며 떡가루 같은 하얀 종이조각을 뿌리고 있었다. 자식의 건강과 평안을 비손하는 어머니 같기도 하고, 어찌 보면 주문을 외는 무당 같기도 했다. 출근이 바쁜 S는 더 구경하지 못하고 발걸음을 돌려야 했다.

 그녀의 사연이 궁금했지만 마음뿐이었다. 관공서에서 그녀가 해결하지 못한 민원은 무엇이었을까. 지키고자 했던 누군가를 지키지 못한 자책감이 그녀의 발걸음을 검찰청으로 향하게 한 것일까. 쓰라린 결별로 인한 상처와 관공서의 부당한 처사에 대한 분노, 거기다 어찌할 수 없는 절망감에 멍하니 먼전만 바라보았을 것이다. 어쩌면 억울함과 노여움을 함께 카트에 싣고 누군가를 기다리는지도 모르는 일. 마치 언제 나타날지 알 수 없는 고도Godot라는 구원자를 무작정 기다리는 블라디미르와 에스트라공처럼.

 S는 대강 짐작이 들었다. 칠순이 넘은 노파가 노숙자 생활을 하며, 낮에는 법조계를 배회하는 데에는 필시 곡절이 있으리라고. 말 못할 울분이 그녀 가슴속을 바윗덩어리처럼 짓누르고 있으리라 여겨졌다. 여인이 상실한 것은 대체 무엇이었을까.

 사람은 넘을 수 없는 높은 벽이 있으면 망연자실 바라보기만 한다. 어쩌면 그녀는 판결 선고가 부당하다며 피새를 부리다가 법정모욕죄로 쫓겨난 것은 아니었을까. 그렇다면 기득권층 앞에서도 할말은 하는 열정의 소유자요, 악용될 소지가 있는 법식의 틀을 부수고 외면 받는 정의를 위해 칼을 **빼** 든 투사일지도 모른다. 그도 아니면 마음의 평정을 얻지 못해 소리 내어 우는 교양인이 아닐까 하는 생각마저 든다. 어쨌든 세상은 결코 그녀에게 따뜻하지 않았을 것이다.

 그녀에게 법은 무슨 의미일까. 법은 서로 약속하여 정한 사회 규범이다. 흐르는 강의 물줄기를 바꾸는 것도 법이요, 타인이 울타리에 들어오지 못하도록 벽을 쌓는 수단도 법이다. 법이 사람을 가만히 내버려 두지 않는다. 법 조항을 들먹이며 원칙의 잣대를 대는 자들에게 민초들은 말 한마디 제대로 하지 못하는 게 현실인 것을. 이미 불공정한 법의 문제점을 경험한 그녀는 청사 앞에서 주먹질하는 그 이상 무엇이 가능할까.

　법을 만들고 집행하는 것을 다른 주체가 한다면 지금보다 나을까. 신이나 종교의 이름으로 단죄하여도 마녀사냥 하듯 원인과 결과를 날조하기는 피차일반. 가해자가 피해자가 되고 피해자가 원인 제공을 했다는 이유로 가해자가 되는 사회가 아닌가. 부와 권세를 쥔 자들이 은밀하게 행하는 비리 앞에서 피해자들은 속수무책으로 당하는 게 현실이다. 어쩌면 법이 상식보다 더 위세를 부리지 싶다. 배회하는 노파를 볼 때마다 S는 법의 정당성에 대해 회의가 들었다.

　그런 S가 봉변을 당한 것은 서너 달 전이었다. 출근길 아침, S는 여느 때처럼 지하철 개찰구를 통과해 대합실을 걷는데 그 여인이 카트를 끌고 천천히 걸어가고 있었다. S는 빠른 걸음으로 그녀를 지나쳤다. 십여 미터를 앞서서 갔을까. 조용한 대합실에서 노파가 혼잣말로 무언가 종알거렸다. S는 무심코 뒤를 돌아보았다. 그때였다.

　"뭘 뒤돌아봐! 이 사기꾼, 양아치야!"

　카랑카랑 대꼬챙이 같은 목소리로 이렇게 고함지르는 게 아닌가. 불특정 다수 중에서 S가 공격의 표적이 된 것이다. 출근하는 사람은 뒤를 돌아보지 않는다. 수십 명이 일터로 향하는 시각에 노숙자의 언행에는 관심조차 없는 게 당연한 것. 뒤를 돌아본 사람은 S 혼자였다. 권력의 역린을 건드린 격이었다. 그녀의 겉모습이 꾀죄죄하다고 무시한 적도 없었고, 단지 호기심이 발동한 죄밖에 없었다.

그것은 욕설이라기보다 우울하고 고독한 영혼의 절규에 가까웠다. 그녀의 호통은 허명과 허욕에 여전히 집착하는 S 자신을 향한 죽비 소리처럼 들렸다. 현실의 부조리에 맞서는 함성이었고, 위선의 탈을 쓰고 잘난 척하며 어깨에 힘을 주는 자들을 혼내는 회초리인 듯도 싶었다.

산다는 것은 참으로 예측 불허다. 언제 어디서 어떤 일을 당할지 모른다. 거미줄처럼 촘촘한 법망에 걸리지 않고 살아야 할 세상. 서로 먹고 먹히는 치열한 먹이사슬의 세계나 우리네 인생살이가 무슨 차이가 있으랴.

세상사는 돌고 도는 법. 영원한 강자도 영원한 약자도 없다.

| 작가노트 |

 업무상 검찰청이나 경찰서를 곧잘 드나든다. 형사 사건의 피고인이나 피해자가 할 일을 대신하기 위함이다. 그곳을 방문할 때마다 자주 마주치는 사람이 있다. 보통 사람들이 어려워하는 권력 기관에 매일같이 출근하는 백발의 노숙자다. 그녀는 벤치에 누워서 청사 건물을 향해 꾸짖듯 혼잣말을 하곤 한다.

 나는 그녀를 볼 때마다 법의 정당성과 권력에 대해 생각한다. 과연 우리 사회의 권력은 어디에서 나오는지, 누구를 위한 권력인지, 누가 그것을 잡을 자격이 있는지에 대해 생각하게끔 하는 게 그녀였다.

 노숙인의 언행을 보며 그녀의 내면세계를 상상해 보았다. 세상이 그녀를 냉대한 사건의 실체는 무엇일까. 어쩌면 권력을 가진 자들이 입을 맞추어 죄가 없는 사람을 죄인으로 만들었을지도 모르는 일. 그게 아니면 부와 권세를 쥔 자들이 은

밀하게 저지른 비리에 그녀가 사랑하는 사람이 희생양이 되었을 수도 있겠다는 생각이 들었다. 알 수 없는 노숙자의 상황을 객관화시키고자 3인칭 관찰자 시점에서 구성해 보았다.

  세상에는 보이지 않는 불편한 진실이 있다. 욕심을 내거나 서로 다투는 과정에서 필연적으로 누군가는 배척되고 고립된다. 사회적 약자라 하여 모두 선량한 것은 아니겠지만, 공동체에서 소외된 실존을 주인공으로 부각시키고 싶었다. 그것이 문학을 하는 자가 가져야 할 최소한의 시대정신이 아닐까 여긴다. 서툴지만 나만의 언어들을 모아 문장을 엮고 한 편의 글로 거듭나게 하기 위해, 숱한 날들을 자다가도 일어나 불을 켜곤 한다.

| 수상작 외 2편 |

그릇

가끔 재래시장에 들른다. 딱히 무엇을 사겠다는 생각보다 그저 시장터의 생동감이 좋아서다. 입구부터 상인과 손님들로 부산스럽다. 농산물이나 해산물을 벌여 놓고 고객을 부르는 사람, 리어카를 끌고 다니며 과일이나 잡화용품을 파는 행상, 군침 도는 음식을 만드는 먹거리 좌판도 있다. 마트나 온라인 쇼핑몰에서 볼 수 없는 정과 인심을 느낄 수 있다.

정육점과 반찬 가게를 지나면 시장 중간쯤에 주방용 그릇 도매점이 나타난다. 그곳에는 솥과 냄비를 비롯한 온갖 식기류가 층층이 쌓여 있다. 부엌살림 도구로 쓰이는 각종 용기容器가 가게 밖까지 진열되어 있다. 물건은 사지 않고 눈요기를 하느라고 바쁘다.

시장 길 따라 들어선 노점 진열대에는 갖가지 상품들이 즐비하게 깔려 있다. 판매용 농수산물이나 일용품, 먹거리들이 하나같이 제 몫을 다 하려는 그릇들에 담겨 있다. 광주리나 소쿠리, 채반이나 쟁반은 물론, 나무 상자나 종이 박스, 플라스틱 상자도 여기서는 당당한 그릇이 된다. 개장 시간에 따라 채움과 비움을 반복하는 게 시장판 그릇의 숙명이다.

그릇의 쓰임새는 무언가를 담는 데 있다. 의복에 비어있는 부분이 있어야 몸이 들어갈 수 있듯, 그릇은 공백을 통해 사물로 하여금 자기 모습을 드러내게 한다. 넘치지도 모자라지도 않게 하는 것이 그릇의 제 역할이자 소임일 것이다.

박물관에서 고대의 토기를 보면 저절로 눈길이 머문다. 흙으로 빚은 투박한 모습이 자연 그대로를 닮았다. 그 시대 옛사람들의 손길이 표면 곳곳에 남아 있다. 빈자리에는 그들의 숨결과 대화도 숨어 있을 것이다. 출토된 토기는 천 년 전의 햇빛과 바람까지도 머금고 있는 듯하다. 투박하고 거칠어도 플라스틱이나 유리로 만든 것보다 훨씬 친근감이 든다.

비어있는 부분이 백미다. 큰 그릇이 넉넉하여 많이 담기듯, 사람의 인격이나 재능의 크기도 제각각 다르다. 눈에 보이는 겉모습보다 보이지 않는 마음이 더 중요하듯이, 마음과 마음이 먼저 소통되어야 관계를 맺을 수 있다. 인품을 갖춘 사람이 도량이 넓고 두루 신망을 얻는 것처럼.

그릇끼리는 일정한 간격이 필요하다. 사이를 잘 유지해야 그릇이 무탈하듯, 사람 사이에도 일정한 간격을 가져야 할 듯싶다. 마냥 친해졌다고 선을 넘으면 금방 소원해지고, 심지어 다툼이 있으면 법정까지 간다. 그릇처럼 사람도 분수에 맞게 적정한 거리를 두면 타인과 다툴 일이 없지 않을까.

한 손님이 그릇 가게를 나온다. 여러 벌을 구입한 모양인지 겹겹의 비닐봉지를 든 그의 손에 묵직함이 느껴진다. 어쩌면 사람도 저 그릇처럼 누군가 선택하여 어디에 있게 되는 처지가 아닐까. 존귀하고 부유한 집에 인연을 맺는 팔자도 있고, 궁색하고 번잡한 곳에서 뼈 빠지게 일하는 운명이 되기도 한다. 용도에 알맞지 않으면 뒷전으로 밀려나 먼지만 쌓이다가 방치되기도 한다. 그렇지만 쓸모없는 사람이 없듯 쓸모없는 그릇은 없다.

일상에서 수많은 사람 그릇을 본다. 다양한 생김새처럼 사람의 품격도 제각각이다. 제 욕심만 챙기는 데 급급한 그릇, 다른 사람의 얼굴에 흘러내리는 땀방울을 제 소득인 양 담아 버리는 그릇, 받을 줄만 알았지 주는 데는 인색한 구두쇠형 그릇도 있다. 덩치는 커 보여도 신약해 부실한 것도 있고, 겉보기에 예쁘고 맵시가 있지만 되바라진 성미로 잘 깨어지는 사기그릇 같은 사람도 있다.

가끔은 호감이 가는 그릇을 만난다. 몸집이 작아도 야무져 못하는 게 없는 재주꾼도 있고, 남의 궂은일을 도맡아 처리하는 해결사, 말이 없고 무뚝뚝하지만 의리에 죽고 사는 의리파도 있다. 이웃이 어려움을 당했을 때 자신의 안위를 내려놓고 재난 현장으로 달려가는 정의로운 그릇, 타인을 위해 위험을 무릅쓰고 희생과 봉사를 실천하는 그릇. 이런 사람들이 있어 그래도 살만하고 염치가 살아있는 사회인 것을.

큰 그릇과 작은 것의 쓰임은 엄연히 다르다. 작은 사발이 제 분수도 모르고 우두머리가 되면 사달이 난다. 마치 몸에 맞지 않는 옷을 입고 완장까지 찬 우스꽝스러운 모습이다. 속이 꽉 차 있거나 깊으면 조용하고 묵직한 반면, 텅 비어 있거나 아량이 없는 자는 빈 깡통처럼 시끄럽고 실속이 없다. 가끔 능력과 인품이 높은 사람이 저평가되어 작은 일에 쓰이고 있음을 보면 안타깝기 그지없다.

그릇의 미덕은 적절함에 있다. 아무것도 담기지 않았을 때보다 적당량으로 채워지면 더 자연스럽다. 어떤 사람들은 그 빈 곳을 참지 못해 더 많이 담으려고 안달이다. 혹자는 자기 분수를 모르고 욕심으로만 채우려 드니 흘러넘친다. 가득 차면 급기야 엎질러지는 것은 사람의 마음도 마찬가지가 아닐까. 자기 도량의 크기는 얼마만큼 겸손하게 절제하느냐에 달려 있을 것이다.

시장 끝자락에 오니 나물 파는 할머니가 보인다. 팔순 언저리 노인의 이마에 팬 주름살이 옆에 놓인 커다란 광주리의 댓살 같다. 동반한 광주리는 할머니의 생계용 평생 운반 도구였을 것이다. 볼품없는 광주리는 그녀의 삶을 지탱한 큰 그릇이 아니었을까. 광주리는 가족을 먹여 살리는 그릇이요, 그녀가 살아온 삶의 궤적이었을 게다.

내 그릇은 어떠한가. 늘 욕심이 꽉 차 있어 여유라고는 전혀 없다. 큰 어려움을 겪지 않고 살아왔으니 나도 모르게 오만과 과욕으로 철철 넘치는 데도 깨닫지 못하는 게 아닐까. 기존의 틀과 고루한 사고방식에 갇혀 있어 유연하게 사고할 줄도 모른다. 내가 옳거나 바람직하다고 믿고 있는 기준을 바꿀 생각조차 하지 않는다. 이기적이고 옹졸한 마음 그릇이다.

지금 와서 내 그릇을 깨부수고 새것으로 마련하기는 쉽지 않은 일. 내 투박하고 못난 막사발일지언정 가득 채우는 것을 늘 경계한다면 주위 사람들을 넉넉하게 포용할 만큼 거듭날 수 있지 않을까.

| 수상작 외 2편 |

징검돌

돌에는 저마다의 삶이 있다. 몽돌은 강물이나 파도에 휩쓸려 그때마다 몸을 뒤척인다. 둥근 생김새가 비슷해 보여도 똑같은 것은 하나도 없다. 돌 속에는 각자 걸어온 삶의 궤적과 시간이 담겨 있을 것이다.

세상의 가지가지 돌들은 제 나름의 환경에 길들게 된다. 수석壽石이나 대리석은 독특하고 고운 결로 사람들의 관심을 끈다. 맷돌과 돌층계처럼 우직하게 일만 하는 돌도 있다. 현실 여건에 따라 삶의 질이 달라지는 것은 돌이라 하여 예외가 아닐 테다.

야속했다. 사랑한 것은 아니었지만, 찾아오면 반겼고 떠나가면 못내 서운했다. 변덕이 죽 끓듯 하여 믿을 수 없는 게 사람 마음인 것을. 하루가 멀다고 드나들더니 갈수록 발길이 뜸해졌다. 인근 주민들에게 나름 봉사했지만 고맙다는 인사 한마디 건네는 자가 없었다.

한때는 새벽부터 저물녘까지 정신없이 바빴다. 동이 틀 무렵 마을 어른들이 오고, 등교하는 학생들이 지나갔다. 낮에는 동네 아이들의 놀이터가 되었다. 아이들은 징검다리에서 가위바위보를 하거나 물수제비뜨다가 싫증이 나면 여울에서 멱을 감기도 했다. 물장구치며 놀고 있는 아이들 머리통이 작은 징검돌처럼 보였다.

숱한 사람이 밟고 지나간다. 누구를 차별하거나 편애하지도 않는다. 건너는 사람의 신분이나 지위가 높든 낮든 나이가 많든 적든 덤덤하게 대해 준다. 새털처럼 가벼운 아이의 발걸음도 있고, 지게까지 더한 건장한 일꾼의 묵직함도 느꼈다. 이 한 몸 돌다리가 되어 그들을 보살피는 게 존재 이유라고 생각했다.

인근에 콘크리트 다리가 생긴 후 갑자기 퇴물이 되었다. 편리한 문명의 이기를 두고 옛것을 고수하기는 힘들 것이라 짐작은 했지만 그래도 섭섭했다. 언제부터인가 물끄러미 사람 사는 세상을 쳐다보는 게 하루 일과가 되었다.

새벽녘이면 다리 위로 택배 차량이 지나간다. 매일 같은 시각에 밤잠을 마다하고 다니는 주인공의 얼굴이 궁금하다. 처

자식이 있는 가장일까, 노총각일까. 생수를 비롯한 각종 상자를 들고 등짐장수처럼 가정과 시장을 연결하는 사람. 누군가의 단잠을 위해 밤새워 일한다는 것은 타인의 징검다리가 되는 일. 어쩌면 그는 가난에 떠밀려 스스로 징검돌을 자처했을지도 모른다.

징검돌이 된다는 것은 타인에게 등을 내어 주는 일. 등을 통해 사람은 인정을 주고받는다. 젖 먹던 시절의 나도 어머니의 땀에 찌든 무명 적삼에 얼굴을 묻고 등에 바짝 붙어 있었을 것이다. 어린 시절에는 나를 보듬어 주었던 혈육의 등에 의지했고, 학창 시절에는 스승이나 선후배, 친구의 배려라는 디딤돌을 밟았다. 그들의 등을 딛고 일어섰기에 오늘의 내가 있을 것이다.

지금은 나도 타인의 징검돌이 되곤 한다. 자식들이 발을 헛디뎌 물에 빠지지 않도록 내 등짝을 내어 준다. 발 디딜 공간이 좁고 옹색한 내 등이지만, 힘들고 어려운 사람에게는 힘이 닿는 한 도와주기도 한다. 물살이 세지고 홍수가 나도 묵묵히 버텨야 한다. 내 몸이 불편할 때 누군가가 큰 짐을 들고 올라서면 허리가 부러질 만큼 괴롭지만 참고 견뎌야 한다.

징검돌은 눈길을 끄는 돌은 아니다. 여울의 얕은 곳을 따라 덤벙덤벙 놓여 있다. 생김새와 크기가 제각각이요, 서로 간의 간격도 다르나 사람과 사물, 사람과 세상을 연결해 준다. 인공미가 없는 소박함이 사람과 자연을 서로 결속해 주는 것이리라. 순리에 순응하려는 지혜도 엿보인다. 그것은 자연 친화적인 돌이 가지는 담백한 질서나 순박한 멋이라 해도 되지 싶다.

징검돌의 미덕은 지조를 굳게 지키는 데 있다. 흐르는 물살에 꿋꿋이 버티며 궂은일도 마다하지 않는 뚝심의 표상이다. 세파에 초연하여 미동조차 없다. 사람처럼 좋은 자리를 탐내거나 시샘을 내지 않는 심성. 중심을 못 잡고 균형을 잃어가는 이 시대에 흔들리지 않는 옹골참. 길을 건너는 사람들을 연민하고 그의 슬픔까지도 짊어지는 의리. 이러한 듬쑥한 덕성을 갖춘 게 그의 매력이다.

주말이면 인근 지역 사람들이 운동이나 산책을 하며 지나간다. 이런 감성을 느끼려고 일부러 징검다리를 건너는 사람도 있다. 몇 달 전 콜센터에 취업했다던 아가씨도 주말이면 지나간다. 오늘은 누군가와 한참을 통화하며 징검다리 주위를 서성인다. 노상 밝은 표정이었던 사람이 최근 들어 수면이 부족한지 얼굴이 부스스하다. 오늘은 미간을 일그러뜨리며 종종 땅이 꺼질 듯이 한숨을 내쉰다. 모르긴 해도 누군가가 아무렇게나 내뱉은 말 한마디가 비수가 되어 그녀의 가슴에 꽂히지 않았을까. 일이 고된 것은 참을 수 있지만, 사람에게 받는 상처는 좀처럼 아물지 않는다. 사회생활이란 세상의 규범과 질서 속에 톱니바퀴처럼 나를 끼워 맞추는 것. 그러려니 여기고 마음을 삭이며 잘 극복했으면 좋겠다.

발 디딜 변변한 매개체 하나 없어 허우적거리는 인생이 우리 주변에 얼마나 많은가. 소박한 꿈을 이루려다 밑천이 없어 주저앉은 사람, 소액의 빚을 갚지 못해 신용 불량자가 된 사연, 어릴 적에 부모를 잃거나 그들로부터 소외를 당한 사정도 있다. 오만과 편견이 가득 찬 세상에서 힘든 마음을 털어놓을 곳이 없는 사회. 그들에게 사닥다리 한 칸이나마 딛도록 하는 게 공동체의 책무가 아닐까.

세상에는 징검돌처럼 살아가는 삶이 많다. 낙타는 등에 불룩한 혹을 달고 사막을 걷는다. 무거운 짐을 싣고 수행자처럼 걸어야 할 고행의 길. 메마른 땅에서의 삶을 운명으로 받아들인다. 덥고 건조한 사막에서 가장 큰 강적은 바로 자기 자신일 터. 낙타는 뛰지 않고 그저 제 페이스대로 걷기만 한다. 마치 자신의 등을 내주고 길을 만드는 징검돌처럼.

누구나 삶의 등짐 하나 지고서 평생을 종종걸음친다. 약육강식이 기본 법칙인 삶터에서 어디로 가는지도 모르면서 험한 인생길을 걷는다. 세월이 흘러 노쇠하여 지팡이를 짚고 다녀도 쉽사리 짐을 내려놓지 못한다. 가난과 자식이라는 짐을 한평생 짊어졌던 모든 어머니의 굽은 등이야말로 고귀한 징검돌이다.

어쩌다 징검다리를 만나면 저절로 걸음을 멈춘다. 우두커니 서서 하염없이 바라본다. 띄엄띄엄 놓인 돌들이 어느 순간 꿈틀거린다. 잠에서 깨어난 사연들이 내 가슴을 은은하게 적셔 주곤 한다. 그리운 사람의 얼굴이 설핏설핏 스쳐 가는 것이다.

징검돌은 징검다리에서 오늘도 일한다. 다 잘 될 거라는 희망 하나를 품고서.

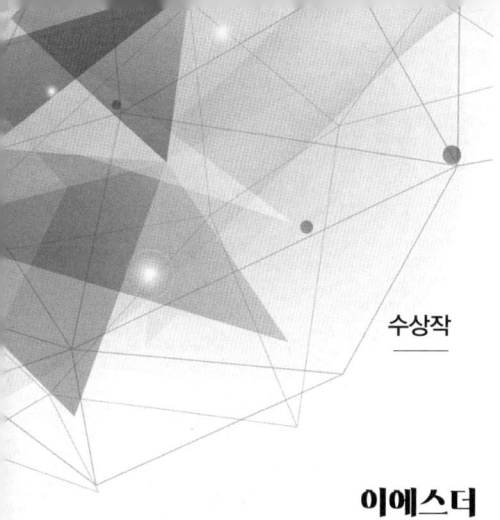

수상작

이에스더

시처럼

| 작가노트 |

⋮

수상작 외 2편

〈나의 천동설〉
〈연가〉

이에스더
2014년 《수필과비평》 등단
한국문인협회 워싱턴지부 회원
수필집: 《춘심을 만나다》
수상: 시애틀문학상 수필 대상

| 수상작 |

시처럼

"… 운동장에 홀로 남은 성조기/ 바람이 오기를 기다리며 서 있다…" 미국에 온 지 일 년쯤 된 딸아이가 썼던 시의 한 구절이다. 여덟 살 어린애의 마음을 아린 가슴으로 다시 읽는다.

 한 학기를 마친 날, 둘째 딸이 두툼한 폴더를 자랑스럽게 내밀었다. 그동안 썼던 글과 재미난 그림들이 차곡차곡 모아져 있었다. 한 장씩 넘겨가는데 삽화가 그려진 시 한 편이 눈에 띄었다. 하굣길에 본 성조기가 마음에 들어왔던 모양이다. 바람마저 떠난 텅 빈 운동장에 홀로 서 있는 국기를 바라보며 아이는 제 안에 있는 외로움을 마주했던 걸까. 이민 첫 해, 세 아이 모두 학교생활에 별다른 어려움이 없었고 또래들과 잘 어울려 놀기에 외로움 따위는 생각지도 않았다. 그땐 자리 잡기에 바빠서 애들의 마음에 소리 없이 가라앉는 것들을 들여다볼 겨를이 없었다.

둘째는 일곱 살이 되도록 인어 공주가 되고 싶어 했다. 어렸을 때 다이빙하다 앞니가 부러지는 사고를 당했을 때도 눈 한번 깜짝하지 않더니, 나이가 들어선 아예 무거운 산소통을 지고 깊은 바다로 들어가 놀곤 했다. 호기심 많고 꿈 많은 아이는 마침내 안데르센의 인어공주가 탄생한 덴마크와 지척인 곳에 보금자리를 마련했다.

오래전, 직장을 따라 집을 떠나는 딸에게 무언가 의미 있는 것을 주고 싶었다. 시詩에 눈길이 갔다. 한때 나는 서각에 심취해 있었는데, 어느 날 자그마한 목판을 보자 불현듯 '詩'자가 떠올랐다. 반드시 음각으로 새기고 싶은 이유도 모른 채 정성을 기울여 詩를 새겼다. 이해하기 힘든 두꺼운 소설책을 숙제로 읽어야 하듯 사는 게 버거웠던 때, 목판에 힘을 기울인 만큼 詩는 점점 또렷하게 드러나기 시작했다. 거실 한쪽에 조용히 자리한 詩는 그런 나를 위로하고 함께 꿈꾸는 소중한 벗이었다.

벽에서 나의 詩를 내렸다. 목판의 뒷면에 시처럼 아름답고 자유롭게 살라는 글귀를 적어 딸의 손에 쥐여 주었다. 마천루 숲속에서 넘어지지 않고 길을 찾아가려면, 차가운 유리와 콘크리트 벽에 부딪히지 않으려면 긴 산문보다는 간결한 시를 쓸 수 있는 마음의 여백이 있으면 해서였다. 길동무가 되어 줄 아름다운 시 같은 사랑을 찾으라는 바람도 함께 챙겼다.

대도시의 살벌한 칼바람을 온몸으로 헤쳐 나가면서 아이는 여물어갔다. 그동안 사랑의 시 습작에 공을 들이더니 드디어 제 반쪽을 찾았다며 결혼을 선언했다. 시를 썼다니 반갑지만, 막상 읽으려니 낯설고 어렵다. 난해시 같다. 동요를 부르며 운율을 익혔고 시조와 시를 읽으며 형식과 주제 찾기에 익숙해진 나로서는 딸이 쓴 시를 이해하는 게 쉽지 않다. 내 사고 너머에 있는 전혀 다른 세계의 언어 같다. 고전 음악을 듣고 있다가 갑자기 헤비메탈 공연장으로 끌려가 앉아 있는 기분이다.

푸른 눈을 가진 연하의 청년과 관청에 가서 혼인 신고만 하고, 결혼식에 쓸 경비로 긴 여행을 하고, 게다가 북유럽에서 살겠다고? 딸들에게 웨딩드레스를 지어 입히겠노라고 양재학원을 기웃거리던 어미의 다부진 꿈이 비누 풍선처럼 허망하게 사라지고 만다. 가벼운 차림으로 싱글벙글하는 신랑 신부와 정장을 갖춰 입은 심각한 표정의 부모가 한자리에 있는 부조화라니.

모두가 이해하지 못한다고 해서 시가 아니거나 음악이 아니라고 할 수는 없을 테다. 요즘 젊은이들의 합리적인 선택이거나 개성이라 생각하면 굳이 난해시니 헤비메탈이니 하며 머리 싸매고 누울 일도 아니다. 감정에 치우쳐 다름과 틀림의 경계를 확실히 분별하지 못하는 어미 자신의 문제로 정리해야 할 일이다.

어쩌면 나는 시조의 3장 6구를 시의 전형으로 여기며 여태껏 그런 방식으로 살아왔는지 모른다. 종장의 3, 5음절을 지켜야 한다는 관습과 전통에 얽매어 그저 따라 외우기에 열심이었지 싶다. 나와 다른 삶을 이해하고 생각의 지평을 넓히기보다는 과거의 것을 붙들고 있는 자신이 마치 새장 안의 앵무새처럼 느껴진다. 시대의 변화에 둔감한 채 무지와 고집을 주관이라 착각하며 안주의 그늘에 머물고 있었던 건 아닐까. 딸은 또 한번 나를 흔들어 깨워놓고 포르릉 날아가 버렸다. 이젠 나의 앵무새도 훨훨 날려 보낼 때가 된 것 같다.

딸이 두고 간 것들을 정리하면서 예전에 미처 보지 못했던 아이의 결을 본다. 자유롭고 아름다운 결이다. 여덟 살 아이가 쓴 영시를 위대한 어떤 시인의 시보다 더 깊이 읽는다. 큰 그릇은 시간이 오래 걸려야 만들어지는 거라고 언젠가 일러주었는데, 먼 길을 걸어온 딸이 지금까지 그 말을 기억하고 있어 고맙다. 덕분에 나도 성글게 때론 촘촘하게 삶을 걸러내는 법을 익힐 수 있었다. 내가 아이들을 길렀다고 생각했는데, 돌아보니 자식들이 미숙한 부모를 키우느라 더 애쓰고 힘들었던 것 같다.

동시를 외우던 볼이 유난히 예뻤던 우리 둘째. 삶이 언제나 아름다운 시처럼 써지지 않는다는 걸 이젠 알겠지만, 훗날 별

같은 시 한 편 가슴에 안고 별빛 닮은 미소 지을 수 있는 행복한 시인이 되길 바란다. 그런데 詩는 신혼집 어디에 걸어 두었을꼬.

| 작가노트 |

동화 속 그림처럼 예쁜 집이 보였다. 루핀이 보랏빛 꽃물결을 일으키는 아이슬란드의 언덕길을 오르며 프레드릭을 생각했다. 어쩌면 그를 만날 것 같기도 했다. 보랏빛 바람이 부는 언덕, 햇살이 내리는 돌담에 앉은 그가 나를 기다리고 있을 것 같았다. 그를 만나고 싶었다. 그가 모아둔 햇살 줄기들과 예쁜 색들과 따뜻한 단어들을 듣고 보고 느끼고 싶었다.

프레드릭은 그림책에 나오는 들쥐의 이름이다. 먹을 것을 찾아다니던 동화 속의 여느 들쥐들처럼 사는 게 분주하던 어느 날, 우연히 프레드릭을 만났다. 작은 들쥐의 이야기가 행복하게 들렸다. 햇살을 모으고 따뜻한 말들을 생각하며 예쁜 색깔을 모으는 프레드릭 같은 들쥐가 내게도 필요한 때였다. 프레드릭에게 귀를 기울였다. 마침내 그가 내게 말을 걸어왔다. 반가웠다. 마침내 나도 삶의 조각들을 조금씩 모을 수 있게 되었다.

내가 쓴 글들은 어쩌면 들쥐들의 세상보다 더 작을지 모른다. 그러나 날마다 달라지는 햇살의 굵기와 온도, 눈앞에 머무는 사물의 색깔, 다양한 무늬의 단어들을 만날 수 있는 일상을 경이로운 눈으로 볼 수 있어 좋다. 그것들을 모아 잇대어 깁다 보면 차갑던 손이 따뜻해지고, 딱딱하게 굳었던 마음이 조금씩 말랑해지는 걸 느낀다. 글을 쓰면서 어둡고 추운 그늘에 소외되어 있던 삶의 조각들을 밝고 따뜻한 곳으로 이끌어 낼 힘을 얻는다.

　밤하늘을 바라보는데 문득 지구가 돌고 있다는 사실이 무서웠다. 원심력과 구심력의 한가운데 삶이 있다는 게 새삼스러웠다. 때로 균형을 잃고 비틀거리는 것은 지구가 돌기 때문이라고 억지를 부렸다. 그날 밤 〈나의 천동설〉을 썼다. 지동설을 생각하면 여전히 어지럼증이 이는 나는 아직도 천동설을 벗어나지 못하고 있다. 목판에 시詩를 새기며 〈시처럼〉 살고 싶었다. 결혼하는 딸에게 시처럼 아름답게 살라고 나의 시詩를 건네주었다. 〈연가〉는 아버지의 신산했던 삶 한켠에 감춰져 있던 이야기 조각을 꺼낸 것이다. 호주머니 깊숙한 곳에 있던 아버지의 박하사탕을 꺼내 드리고 싶었다. 가족과 동기간의 의미가 깊이 다가오는 요즘, 마음에 쌓이는 것들을 조금이나마 글로 덜어낼 수 있어 감사하다.

| 수상작 외 2편 |

나의 천동설

갑자기 맹렬한 속도로 세상이 돌기 시작했다. 눈앞이 부옇고 어지러워서 곧 토할 것만 같았다. 허옇게 질린 채 아무 소리도 낼 수 없게 되자 정신없이 돌던 기구가 겨우 멈춰 섰다. 눈물범벅이 되어 지구의에서 간신히 기어 나오다가 까무룩 정신을 잃고 말았다. 깔깔거리는 웃음소리가 운동장 끝에서 아득히 들리는 것 같았다.

그 머슴애, 교실 문 앞에서 철가방을 들고 어색하게 서 있던 아이. 쭈빗쭈빗하던 표정과 달리 그 애는 익숙한 동작으로 짜장면을 꺼내 책상에 두고는 달아나듯 교실을 빠져나갔다. 그날 우리 반 친구들은 수정이가 먹는 짜장면의 황홀한 냄새를 코끝으로 물리치며 김치 냄새나는 도시락을 먹어야 했다.

　세상이 불공평하고 제 뜻대로 돌아가지 않는다는 걸 너무 일찍 깨쳐버린 머슴애는 세상 대신 운동장에 있는 지구의라도 맘껏 돌려보고 싶었는지 모른다. 책가방이 아닌 철가방을 들고 날마다 죽을힘을 다해 달려 다녀야 했을 그 아이의 눈에는 지구의 안에 어정쩡하게 서 있던 내가 좋은 표적이었을 것이다. 그 애를 대항할 만한 힘이 나에겐 없어 보였을 테니까. 그날 머슴애는 도는 것은 끔찍하고 두려운 일이라고 내게 그렇게 알려주었다. 그 사건 이후로 한동안은 도는 것만 봐도 무섭고 어지러웠다. 심지어 교실에 있는 지구본조차 쳐다보기 싫었다.

　지동설과 천동설을 배웠다. 지구가 태양의 주위를 돈다고? 그것도 비행기보다 더 빠른 속도로 자전하면서. 나는 아무것도 느낄 수 없는데 온 땅과 바다가 한 덩어리로 회전하고 있다니. 실로 충격이었다. 교과서에 나오는 물리적 원리와 법칙 등을 외우긴 했지만, 지구가 돈다는 것을 도저히 납득할 수 없었다. 그야말로 혼돈의 세계가 눈앞에 펼쳐졌다. 문득 초등학교 때의 기억이 생생하게 떠오르면서 다시 어지럼증이 일기 시작했다.

　28억 달러면 우주여행 티켓을 살 수 있는 세상에 살면서도 나는 여전히 코페르니쿠스 이전의 우주관에 머물러 있다. 아니, 하늘은 둥글고 땅은 네모지다는 고대인들의 소박한 의식

수준에서 벗어나지 못하고 있는 것 같다. 지동설은 반복 학습에 의해 주입된 지식일 뿐 내 생활 방식에 어떤 영향도 끼치지 못하는, 사장된 이론에 지나지 않는다. 나는 여전히 나 중심의 세계에서 나 중심으로 생각하며 주위 사람들이나 세상이 나를 위해 먼저 움직이고 변하기를 바라는 천동설적 사고를 하고 있으니 말이다.

천동설의 세상이 편했다. 남편은 어지간해서는 싫은 내색을 하지 않는 사람이라 대부분 내 생각이 곧 남편의 뜻이 되었다. 굳이 맞추려고 애쓰지 않아도 집안이 잘 돌아가는 것 같았다. 그야말로 천동설의 한가운데 내가 서 있었다. 그런데 어느 날 갑자기 남편이 외계인처럼 느껴졌다. 조용히 잘 운행 중이던 하늘이 고장 난 기계처럼 웅웅거리기 시작했다. 내 눈이 이상해진 것인지 남편이 달라진 것인지 종잡을 수 없었다.

누구 말처럼 금성과 화성에서 온 사람들이 만났으니 그동안 서로 외계인 보듯 하지 않은 게 신기한 일이다. 어쨌거나 지구에서 함께 살아온 세월이 얼마인데, 인제 와서 상대방의 말을 알아듣지 못한다면 더 문제가 아닌가. 나란히 가던 두 사람이 어느 순간 속도를 위반하고 궤도 이탈까지 불사한다면…. 충돌하는 상황보다 사후 처리가 더 어려운지라 대개는 어느 한쪽이 눈치껏 궤도 수정을 하긴 하지만, 속은 그야말로 카오스의 세계가 되고 만다. 이런 상황이 자주 발생한다면 천동설에 대해 다시 생각해 보지 않을 수 없다. 어쩌면 천동설을 폐기해야 할 위기에 처할지도 모른다.

집안에서 편안히 앉아 우주선 발사 장면을 실시간으로 보면서도 사고는 까마득한 옛날에 그려진 반원형의 천구에 막혀서 그 이상의 세계로 나아가지 못하고 있다면 분명 내게 문제가 있는 것이다. 속이 복닥거리는 것은 우주의 질서를 이론으로만 인식할 뿐 코스모스의 원리를 내 삶에 적용하지 못한 탓일 게다. NASA의 로켓 앞에서 한껏 폼을 잡고 기념사진까지 찍었다면 생각하는 것이나 삶의 방식이 이전과는 달라져야 하지 않을까. 그러나 이기적인 본능이 그려놓은 삶의 궤도를 벗어난다는 게 어찌 말처럼 쉬운 일일까.

우주탐사선 보이저호가 지구의 소리를 담은 골든 디스크를 싣고 지구를 떠난 지 반백 년이 다 되어간다. 태양계 너머 광막한 우주의 어디에 존재할지도 모르는 생명체와 교신하기 위해 보이저호는 그 수명이 다할 때까지 계속 나아갈 거란다. 때론 너무 막막하게 느껴지는 이 땅에서 나와 다른 사람들을 이해하고 그들과 소통하며 어울려 살아야 하는 나는 과연 어디까지 나아갈 수 있을까.

삶이란 코스모스의 아름다운 궤도에 편입하기 위해 나를 부단히 조율해 가는 과정이 아닐는지. 쉼 없이 회전하는 지구 위에서 날마다 계절마다 자신을 돌아보며 우주의 질서와 조화를 내 안에 이루어가는 것, 이제라도 천동설적 사고에서 벗어나기를 바라며 생각해보는 삶의 모습이다. 오래전, 지구의를 돌리며 깔깔대던 머슴애의 웃음 속에 감춰져 있던 분노와 슬픔을 이젠 읽을 수 있을 것 같다. 그때 그 아이는 그럴 수 있었다.

북두칠성이 뭇별을 이끌고 계절을 건너는 밤, 마주앉아 있는 남편이 또다시 외계인으로 보였다. 외계인과의 전쟁보다는 평화를 택하기로 했다. 인내심을 가지고 조곤조곤 상냥하게 상황 정리를 하려 했다, 함께 익혀온 지구의 언어로. 내 말을 잘 이해하는 것 같아 고마운 마음마저 드는 순간, 남편이 슬며시 일어서며 한숨처럼 내뱉는다.

"당신의 천동설은 여전하구먼."

| **수상작 외 2편** |

연가

딸6: 아버지 머리 수술 받으시고 엄마랑 우리 집에 와 계셨을 때 말이야. 의사가 아버지에게 자꾸 말을 시키라고 하더라. 무슨 말이든 많이 하는 게 좋다고. 지난 이야기를 하게 하면 기억력 회복에 도움이 된다더라.
어느 날, 아버지도 연애를 해 보셨나 궁금한 거야. 그래서 아버지한테 물었지.
아버지, 엄마랑 결혼하시기 전에 연애해 본 적 있으세요? 있지.
그분 어떻게 생겼어요? 이뻤제.
엄마보다 이뻤어요? 그러제.

서로 좋아하셨어요? 아믄.

뽀뽀도 해보셨어요? 해봤제.

그때 옆에서 마늘 까고 있던 엄마가, 어이 연당하네, 하시더라. 더 나갔다간 엄마한테 욕먹을 것 같아 거기서 멈췄지.

딸1: 근데 너희들 그거 아냐? 아버지가 미국 오실 때 그분한테 가서 인사하고 오셨대. 양복에 중절모까지 쓰고 가셨단다.

딸4: 어찌 그런 일이, 어떻게 알았어?

딸6: 속편이 궁금하잖아. 그래서 엄마 안 계실 때 아버지한테 물어봤지.

딸4: 그런 중요한 이야기는 내가 있을 때 했어야지 큰언니한테만 말하면 어떡해.

딸7: 세상에, 우리 아버지가 그 분을 진짜 좋아했었나 보네. 근데 어째서 그 이쁜 양반이랑 결혼을 안 하셨을까?

딸1: 할아버지가 반대하셨대. 아버지가 끔찍한 효자였잖냐. 할아버지 말이라면 하늘처럼 여기셨어.

아들: 내가 고등학생 땐가 아버지 친구분 댁에 심부름을 간 적이 있어. 그분 말씀에 의하면, 아버지가 대학 다닐 때 일본 유학생으로 선발되었는데, 못 가셨대.

딸1: 그때도 할아버지가 목숨 걸고 반대하셨단다. 일본 가면 학도병으로 끌려가서 죽는다고.

딸4: 일본 유학생 선발? 오호, 우리 아버지 꽤 날리셨겠네.
딸1: 그래, 아버지 젊었을 때 정말 멋있었어. 동네 처녀들이 속깨나 태웠을 거다.
딸7: 그 양반도 그러다가 아버지랑 눈이 맞으셨나?

딸1: 아버지가 참 멋쟁이셨어. 우리가 중 고등학교 다닐 때는 아버지가 한 달에 한 번씩 경양식집에 데리고 가셔서 교육을 시키셨다. 양식 먹는 법이랑 테이블 세팅 하는 걸 가르쳐 주시면서, 너희들은 여자니까 이런 것도 다 배워둬야 한다고 하셨지.
딸6: 그때 우리 집에 전축이 있었잖아. 어느 날 아버지가 나를 앉혀 놓고 여자는 클래식 음악도 알아야 한다고 레코드판을 틀고 설명해 주시더라. 내가 음악을 좋아하는 게 그때 아버지 영향 때문인 것 같아.
아들: 우리 아버지가 그러셨다고? 끝물로 태어난 누나랑 내가 불쌍하구먼.

딸1: 한 날은 아버지가 술을 얼큰하게 잡숫고 들어오셨는데, 엄마한테 아이 러브 유, 하면서 뽀뽀를 하려고 하시는 거야. 엄마가 칠색 팔색을 했지. 그러니까 아버지가 엄마더러 멋이 없는 여자라고 끌끌 하시더라.
딸4: 그래도 애를 아홉이나 만드신 걸 보면 엄마에게 무슨 매력이 있었겠지.

딸7: 우리 엄마는, 확실히 여우과는 아니었어.

딸6: 그래도 아버지는 한눈 한 번 안 파시고 술주정 한 번 안 하시고, 집하고 자식들밖에 모르셨잖아.

딸7: 그러니 아버지의 연정이 더 가슴 아프다. 근데 아버지는 어떻게 그분을 찾아갈 생각을 다 하셨을까. 그분도 할머니가 되셨을 텐데. 젊어서 한 동네 사셨다면, 그분 남편도 아버지랑 아는 사이였나?

딸1: 그게 뭐가 중요하냐. 평생 아버지 가슴에 첫사랑이 살아있었던 게 중요하지.

딸4: 우리 엄마 성질날 만했겠네.

딸6: 근데 그 양반 어찌 생기셨는지 궁금하지 않아? 아버지가 그분이랑 결혼했더라면 우리가 더 예쁘게 생겼을 수도 있겠네.

아들: 우리 인물이 어때서?

딸4: 우리가 아예 안 태어났을지도 모르지.

딸7: 그런데 아버지 이해 안 되냐? 젊었을 때 같으면 엄마 편들어서 아버지를 성토했겠지만, 이제는 아버지의 그 마음 지켜드리고 싶다. 천국 가서 엄마한테 욕먹을지 몰라도, 난 우리 아버지 멋있다.

딸4: 엄마 생각도 해야지. 네 남편이 그러면 너는 아무렇지도 않겠냐?

딸6: 그 시절에 열다섯이나 되는 식구를 아버지 혼자서 먹여 살려야 하셨으니 다른 생각할 겨를이 어디 있었겠어. 늘그막에 이민 가자니 별생각이 다 나셨겠지. 그러다가 첫사랑 이쁜 얼굴도 떠오르지 않았겠어?

딸7: 그분이 아버지를 보고 어떤 표정이었을지 참 궁금하네. 아버지한테 가서 물어볼 수도 없고. 두 분 다 그날 밤에 못 주무셨을 것 같은데.

딸4: 야야, 그만 해라. 우리 엄마 들으시면, 어이 연당하네, 또 그러시것다.

딸1: 그래도 재밌다. 내일 셋째 오면 아버지 이야기 한 번 더 하면서 실컷 웃자.

딸4: 둘째 언니랑 다섯째도 오면 얼마나 좋을까.

아들: 형이 살아 있다면 좋겠다.

딸6: 엄마 보고 싶다.

딸7: 아버지도.

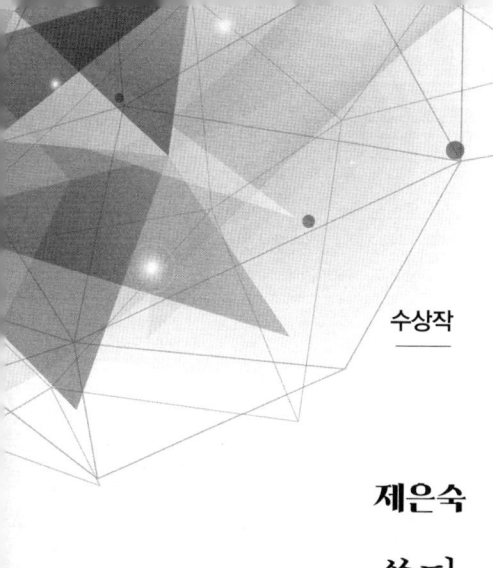

수상작

제은숙

쓴다

| 작가노트 |

⋮

―

수상작 외 2편

〈그리움에는 시제가 없다〉
〈시간에 시간을 기대어〉

제은숙
2020년 《전남매일》 신춘문예, 《수필과비평》 등단
수상: 제13회 천강문학상 대상, 제9회 경북일보문학대전 금상.
　　　제1회 수필과비평올해의작품상 12, 2024년 'The 수필 빛나는 수필가 60'

| 수상작 |

쓴다

쓰는 이를 모른다. 아무도 오지 않는 첫새벽이나 늦은 저녁 산길을 쓰는 사람이 있다. 남겨진 빗자루를 발견하기 전까지 그곳이 쓸려 있었다는 사실조차 알지 못했다. 정갈했던 길을 무심하게 밟았던 나날과 그의 존재를 깨닫게 된 순간은 전혀 다른 걸음이 되었다. 솔가리와 낙엽은 길섶에 두툼하게 쌓였고 삭정이나 부러진 가지는 비탈 멀리 던져졌다. 어느 까마득한 골짜기에 잠들어 있을 굵은 나무 둥치도 생각했다. 하루 아침에 만들어진 길이 아니었다. 이 무수한 날들을 쓰는 이는 누구였을까.

  그를 상상해 보았다. 낙엽이 쉴 새 없이 떨어지는 늦가을부터 연일 쓸었을 테니 산불 관리인임에 틀림없다. 적적하던 차에 시간을 때울 겸 시작했을 것이다. 겨울 부업인지도 모른다. 산을 오를 때 빨간 모자를 쓰고 인사를 건네는 남자가 있었는데 만나면 물어보리라. 그가 아니라면 누군가 몰래 선행을 베풀었는지도 모른다. 자주 비질이 되었으니 인근 주민으로 짐작되고 외진 시간에 혼자 오르기가 꺼려지지 않는다면 남자로 여겨지며 새벽이나 저녁 시간을 낼 수 있다는 점으로 미루어 보아 노인일 가능성이 크다. 생각을 끼워 맞추는 동안 딱따구리만이 인적 드문 계절을 딱딱 쪼아 댔다.

쓰는 일은 만만하지 않았을 것이다. 수시로 솔가리가 떨어졌을 테고 새벽 공기는 차가우며 오르막에서는 숨이 찼겠다. 더구나 등산로 초입에는 무덤이 즐비하여 을씨년스럽기까지 했으리라. 어떤 구역은 묘비 가장자리를 지나가야 하는데 쓰는 사람은 장소를 가리지 않았다. 번성한 가문의 높은 봉분 옆이나 비석 없는 낮은 흙무덤 근처도 한결같이 쓸고 갔다. 잠시 머무는 방문객들과 오래전부터 누운 옛사람들이 그에게 신세를 지고 있었다.

산길을 쓴 까닭이 궁금했다. 굴러떨어졌거나 처박힌 것들에 눈길이 머문다. 버려졌거나 버린 흔적들. 혹은 잊지 못한 이름과 무너져 내린 한때. 가슴 빼곡히 들어찬 번민을 떨쳐내려던 고행이었을 수 있다. 허공을 울리는 대빗자루 소리가 그를 살게 하는 유일한 방법이었을 수도 있다. 귀를 씻기고 머리를 식히는 산의 울림을 그는 들었는지도 모른다. 잊으라 잊으라 잊으라, 한다.

펜으로 쓰는 길을 떠올렸다. 정리되지 않은 감정과 지우고 싶은 흔적, 끝끝내 마무리짓지 못한 시간을 쓸고 싶은 사람들의 길이다. 혼자 쓸어야 하므로 외로울 각오와 끝까지 벗어나지 않겠다는 결의가 필요하다. 가파른 길이 나타나면 계단을 놓아야 하고 뒤따르는 사람들을 인도할 이정표도 세워야 한다. 앞을 쓸면서 수시로 등 뒤를 살펴야 하며 잘못 쓸었다면 되돌아갈 용기도 지녀야 한다.

우연히 들어선 길이었다. 처음 그 길은 뒤엉킨 생각들과 감정의 찌꺼기로 어지러웠다. 산책 나온 듯 구경만 하느라 방향을 잃을 뻔했고 쓰는 법을 몰라 시작점부터 허둥댔다. 앞서간 이들이 쓴 길은 더없이 환해 보였고 함께 발을 뗀 이웃들의 솜씨도 나무랄 데 없었다. 내가 쓴 첫 구간은 그래서 여전히 너저분한 채로 남았다. 누가 찾아올 리 없는 시절이 지나고 길을 내려다보았을 때 새로 쓸고 싶다는 충동이 일었다. 쓰는 사람의 운명이라도 타고난 듯 소맷자락을 걷어붙였다.

길을 덮은 낙엽부터 들여다보았다. 자주 쓸어야 하는 상념들이다. 가까운 사람에게 화를 냈거나 되레 상처받은 일, 싱거운 수다를 떠는 오후와 아이들을 키우며 울고 웃는 일상이 수두룩하게 깔렸다. 쓸다 보니 대수롭지 않은 일도 있고 잠시 멈추어 서게 하는 뭉치도 널렸다. 잔바람에도 분분히 날리니

쓸고 거두어서 가장자리에 모아 둔다. 사소한 가랑잎이라도 떨어지지 않으면 내가 쓰는 사람이라는 사실을 잊어버린다.

 삭정이가 떨어질 줄 몰랐다. 안간힘을 쓰며 붙어있느라 기력이 다한 가지는 시커멓게 변한 채 추락했다. 비틀리고 퉁퉁 부은 흔적이 마디마다 역력했다. 얼마 동안 울었던 걸까. 돌아보면 세월만 허비했던 일에 오래 매달렸다. 영혼을 찌르고 할퀴던 잔상들을 주워 올라오지 못할 벼랑에 던진다. 어지럽게 들끓던 가슴이 가라앉는다. 쓰는 일은 마음 더 깊은 곳에 삭정이를 묻어야 하는 수련의 연속이었다. 멍든 가지가 뭉그러지고 삭아서 어린 풀뿌리에 가 닿기를 바라본다.

 껍질뿐인 나무가 길 한가운데로 쓰러졌던 날, 어찌할 바를 몰라 멈추었다. 허물어진 나무의 몸통은 더이상 서 있기 힘들다고 말하는 듯했다. 손으로 툭 건드리면 주저앉을 것만 같았다. 뿌리째 뽑히던 시간, 삶을 송두리째 흔들던 날들이었다. 그대로 둔다면 한 발짝도 나아가지 못할 처지였다. 집어 올리기 벅찬 고사목을 비탈길 아래로 굴렸다. 긴 시간 숲을 울리며 멀어졌다. 선 채로 지독하게 앓았을 지난날이 끓은 가죽을 벗고 새 생명을 위해 제 살점을 풀어놓겠지. 과거의 허물도 괜찮다고, 살아갈 이유가 충분하다고 쓰는 동안 길이 일러 주었다.

 때로는 설산에 파묻은 사연을 끄집어낸다. 녹지도 썩지도 못할 독기 서린 시간이 펼쳐진다. 멈춰버린 순간. 가시 돋친

파국의 언어를 도려내려 애쓴다. 칼끝도 들어가지 않는다. 아직은 더 동토 속에서 견뎌야 할 감각들. 흐물흐물 녹아내릴 날을 기다리며 지금은 쓸 수 없는 삶의 파편들을 다시 설산에 묻는다. 머리를 쓸고 눈동자를 쓸고 가슴을 쓸다 보면 발아래가 가지런해질 것이므로.

 바람이 몹시 불었던 날부터 산길이 어수선하다. 길 쓰는 이는 어디로 갔는지 흩어진 솔잎과 삭정이가 한동안 그대로였다. 쓸어놓은 낙엽 더미는 푹신하게 부풀어 봄꽃을 피우는데 그는 자취를 감추었다. 그가 쥐었을 빗자루도 보이지 않는다. 길의 경계가 흐릿해지던 어느 날 불현듯 깨달았다. 길은 언제든 사라질 수 있다는 사실을. 빗자루를 찾게 되면 쓸어보리라. 쓰는 사람이 되어 쓸어서 길을 여는 사람이 되어보리라. 겨우내 발 앞을 쓸어준 이가 가르쳐 주었다. 산길을 쓰는 일과 글을 쓰는 일은 다르지 않다고. 나는 여전히 제대로 쓰는 법을 모른 채 산길을 쓴 이가 궁금하기만 하다.

| 작가노트 |

 등산을 좋아하지 않던 제가 꽤 긴 시간 산을 올랐던 이유는 '길'이 있었기 때문입니다. 깔끔하게 정돈된 등산로가 매일 저를 산으로 이끌었습니다. 이른 시각에는 적막하리만큼 고요해서 산의 울림이 고스란히 느껴졌습니다. 낙엽 바스락대는 소리, 삭정이 떨어지는 소리, 굵은 가지가 꺾이는 소리를 들었습니다. 그러다 빗자루를 발견했고 산길을 쓰는 이도 저와 같은 소리를 들었으리라 짐작했습니다. 저에게 그는 수행자이자 길동무로 여겨졌습니다. 자신의 닫힘을 타인을 위한 열림으로 승화시킨 그가 경이로웠습니다. 저 또한 누군가의 발앞을 밝히는 심정으로 수필을 쓰겠다고 다짐했습니다. '쓸다'와 '쓰다'는 '쓴다'라는 접점에서 같은 형태가 됩니다. 모양뿐 아니라 두 행위 사이에는 수많은 공통점이 존재할 것입니다. 이제 그것을 찾는 과제가 남았습니다.
 얼마 전 산에 다녀왔습니다. 여전히 길은 환했습니다. 제가

산행을 멈춘 동안에도 그는 쓸고 있었습니다. 저는 스스로에게 물었습니다. '여전히 쓰고 있는가.'라고요. 다시 '쓴다'의 숭고함에 대해 생각합니다.

| 수상작 외 2편 |

그리움에는 시제가 없다

그리움은 과거로부터 걸어 나오는지 현재에서 뒷걸음치는지 알 수 없다. 파도나 바람이 시작되는 것처럼 어딘가에서 문득 일어난다. 천천히 다가앉아 손을 잡는가 하면 숨이 멎을 듯 달려와서 안기기도 하고 까무룩 잠이 들었다가 늦은 저녁에 도착하기도 한다. 어떤 그리움은 연기처럼 빠져나가 영영 돌아오지 않는다. 이제껏 나를 관통한 그리움들은 어디를 향해 가는지. 곁에 남은 몇몇의 그리움 조각들을 안고 온전한 그리움이 되기 위해 흘러가고 있다.

식탁 위에 김치국밥이 놓여 있다. 혼자 먹기 위해 만든 음식은 왠지 서글프다. 냄비에 물을 채우고 대충 썬 김치와 굳은 찬밥 덩이를 넣는다. 적당히 끓여서 박작박작 소리가 나면 불을 끈다. 맛을 보태거나 색을 더하는 재료들은 없다. 냄비째 불어가며 허겁지겁 삼킨다.

과거의 어느 시점에도 김치국밥을 먹었다. 먹는 시기가 따로 있는지는 모르겠으나 잘 익은 배추김치만 있으면 계절을 불문하고 끓였다. 할머니는 종종 "시원한 김치국밥 좀 끓여라." 했다. 할머니가 드시고 싶을 땐 어김없이 차려졌고 엄마가 끓여준 김치국밥은 언제 먹어도 입맛이 돋았다. 외할머니와 엄마와 내가 둥근 밥상머리에 둘러앉았다. 뜨겁고 시큼하고 끈적한 국물이 목구멍을 타고 미끄러졌다. 국밥과 할머니와 오래된 시간은 기억 너머에 저장되었다.

엄마의 김치국밥은 쌀을 불리는 과정부터 시작되었다. 그런 다음 마른 멸치와 생무로 육수를 내었다. 불린 쌀과 육수를 함께 삶다가 냄비에 뜨물이 보얗게 번지면 곱게 썬 김치를 넣었다. 쌀은 푹 익어야 하고 김치는 아직 아삭해야 하므로 시간을 맞추는 요령이 필요했다. 거기에 콩나물 한 줌이나 굴이 들어가기도 했다. 따개비나 북어 따위가 든 날도 있었다. 마지막으로 청홍 고추와 대파를 얹어 한소끔 더 끓였다. 특별한 조리법은 없었지만 엄마의 김치국밥에는 시간과 정성이라는 귀한 양념이 들어갔다.

끓여 준 엄마보다 할머니가 먼저 보고 싶으니 김치국밥은 할머니의 음식이다. 육고기를 입에 대지 않던 할머니가 유독 좋아하신 음식이어서도 그렇거니와 드실 때 오물거리던 입술 모양과 틀니 부딪치던 소리가 정겹게 남아 있는 까닭이다. 유형의 물질이었던 김치국밥이 맛과 냄새 혹은 소리로 변했다가 어느새 할머니라는 심상으로 저장되었고 때때로 무형의 감정인 그리움으로 일어난다. 한번 생겨난 감정은 멀지 않은 훗날로 소용돌이쳐 기어이 생사의 경계까지 나를 이끈다. 그러면 충만했던 온기는 예견된 비애로 교체되어 마음 안은 허기로 가득 차 버린다. 그리움은 과거에만 머물러 있는 것이 아니라 앞에 놓인 현재의 식탁과 할머니를 만날 수 없을 미래의 어느 날까지 순식간에 연결시킨다. 그러므로 그리움에는 딱히 어울리는 시제를 명명할 수 없다.

할머니는 어쩐지 그리움과 퍽 어울린다. 옷차림이 정갈하여 주변 사람들의 이목을 끌었고 읽고 쓰지는 못했지만 말씀은 유창했다. 우스갯소리를 잘해서 머무는 자리가 유쾌했고 장구춤 맵시 또한 근사했다. 지나간 일에는 구슬픈 가락을 곁들여 이야기를 잇다가 먼저 글썽였으므로 나도 따라 울었다. 일찍 돌아가신 내 외할아버지의 삶, 톳밥이 지겨워서 먹기 싫더라는 일화, 할머니 친정이 넉넉했어서 산나물 이름은 잘 모른다는 이야기와 사람은 혼자 살 수 없다는 가르침, 외갓집 여름 마당에 때마침 피어 있던 붓꽃과 채송화. 어찌 그 모든 것들이 그립지 않을 수 있으랴.

늘 당당했던 할머니가 근래 부쩍 쇠약해졌다. 십여 년 전

둘째 외삼촌이 세상을 떠난 뒤로 자주 편찮으셨다. 예기치 않은 거리두기로 뵙지 못한 동안에는 집에만 계셨던 탓에 더 기운을 잃은 듯했다. 작년 설에 부숭해진 얼굴로 "숙-아." 하고 새겨 부르던 목소리가 아직도 귀에 선하다. 나를 붙잡고 앉아 연신 눈가를 훔치던 마른 손등도. 바쁜 엄마를 대신해 우리 삼남매를 업어준 손이었고 어린 볼을 쓰다듬고 엉덩이를 토닥이던 손이었다. 그 부드럽던 손가락은 어디에 가고 뼈만 앙상하게 남았는지 애틋했던 감정들은 어느 곳으로 흘러가고 나는 겨우 명절 때만 찾아가는 무심한 손녀가 되었는지. 김치국밥을 앞에 두고 할머니가 영원히 그리워질 시점에 대해 생각하고만 있다.

김치국밥은 할머니의 유년에도 존재했을 터이니 아주 먼 과거에서 온 유별난 입맛으로 내 아들에게까지 전해질 것이다. "엄마의 외할머니가 좋아하셨던 음식이야."라고 말하면 그 녀석 또한 먼 훗날에 뜨끈한 국물을 넘기며 자신의 엄마에 이어 외증조할머니도 울렁울렁 떠올리지 않을까. 시작점을 알 수 없는 물결들이 한데 뒤섞여 마침내 큰 파도가 되고 내 발끝에 한꺼번에 당도하듯 멀거나 가까운 기억들은 모두 녹고 뒤엉키어 그리움이 되는 것이 분명하다. 그리움은 혼자 오지 않고 과거와 더 먼 과거의 기억까지 데려와서는 만나지도 못할 미래에 부려 놓을 것이다. 그러니 눈앞에 놓인 음식과 지난 기억과 미래가 혼재된 그리움에는 어떠한 시제도 필요하지 않다.

  누구나 생을 다하면 실체는 사라지고 그리운 감정만 남는다. 어쩌면 우리는 그리워질 순간을 향해 소멸하는 중인지도 모른다. 모든 언어의 끝에도 그리움이 기다리고 있을 것만 같다. 과거의 할머니는 함께 지낸 나날만큼 길게 꺼내야 하고 현재의 할머니는 못 뵙는 계절처럼 안타깝게 건너뛴다. 미래의 할머니는 내 남은 목숨 동안 머물렀다가 내 아들에게서 잠깐 일렁인 후 가라앉을 예정이다. 어떤 존재로부터 비롯된 그리움은 기억하는 이와 함께 사그라지고 시간은 무연히 흐른다. 다음 세대가 간직한 기억들이 새 그리움의 파도를 일으켜 출렁이는 세월의 바다를 완성해 간다.

  김치국밥은 목구멍이 뜨거워지는 지난날이었고 다가올 일들에 미리 울컥해지는 그리움을 품고 있다. 과거와 현재와 미래가 시공간을 밀고 접어서 한없이 가까워지는 시간, 그리웠고 그리우며 그리울 순간의 또 다른 이름이다.

| 수상작 외 2편 |

시간에 시간을 기대어

대문은 열려 있고 마당은 정갈하다. 훤한 대낮인데도 어둠살이 내려앉은 내부에는 반겨주는 이가 없다. 주인으로 보이는 남자는 중앙에 누워 곤히 잠들었다. 주위를 둘러싼 이들도 단잠에 빠졌는지 숨소리조차 들리지 않는다. 덧널 아래 세간살이가 빼곡하고 방금 쓸고 닦은 듯 단정하지만 미세한 움직임도 기대할 수 없다. 생명의 시간이 흐르지 않는 이곳은 산 자의 시간을 앗아 죽음 이후를 살고자 했던 고대 순장 무덤 안이다.

생목숨을 거두어 흙집에 가두면 빼앗은 시간만큼 누리리라 여겼을까. 용이나 봉황으로 수놓은 비단옷을 걸치고 머리에는 금관을 얹었으며 푸른 유리구슬과 옥으로 장식한 목걸이를 걸었다. 굽다리 접시에 먹음직한 반찬을 얹고 야광조개국자로 국물을 담아 밥상을 차리고 싶었을 게다. 그러나 시간이 멈춘 채 수천 년 봉인된 자리. 신하들을 호령하며 영생을 누리려던 꿈조차 어제에 묻혀버렸다. 왕은 지상의 물건을 원껏 가져갔으나 시간만큼은 포장할 수 없었다. 접어서 주머니에 넣을 수도, 둘둘 말아 끈으로 묶을 수도, 상자에 가지런히 포개 담지도 못했다.

사람이 태어나면 시간은 한없이 늘어진다. 시간을 재거나 그것에 쫓길 까닭이 만무하고 맞춰 나가야 하는 약속도 없다. 하지만 오지 않는 누군가를 기다리고 쏟아지는 잠을 참으며 시간의 본성과 방향을 이해하게 된다. 존재를 확인받기 위해 타인의 시간을 기웃거리거나 꼭 붙어 지낸다. 관계를 맺는 과정은 시간을 공유하는 일이므로 상대의 시간에 섞이기 위해 내 시간을 양보해야 하고 때로는 포기하기도 한다. 시간의 흐름을 받아들인다는 것은 비로소 세상 속으로 들어간다는 의미다.

자유롭던 시간은 점차 줄어든다. 나는 초등학교에 들어가면서 오전을 반납했다. 그 대가로 마음껏 뛰어놀 운동장이 생겼고 친구들의 시간에 새롭게 끼어들었다. 학교로 가는 지름길에서 진달래와 산새알에 시간을 **빼앗겼지만** 유년의 추억을 얻었다. 짙푸른 바다에 시간을 담고 논두렁 풀잎 위에 시간을 흘리기도 했다. 어떤 시간은 사라진 것처럼 보이지만 그 순간과 맞바꾼 물상들이 가슴 안에 새겨져서 마음만 먹으면 언제든 그때로 거슬러 오를 수 있다. 시간은 결코 잃어버린 것이 아니었다.

  시간을 늘리지 못해 안달한 적이 있는가. 아무리 애를 써도 더 갖지 못했던 시절. 또래 아이들은 낯선 미래에 낯을 모조리 저당잡히고도 새로운 시간을 마련해야 했다. 이른 새벽이나 깊은 밤으로 무리지어 이동하며 시간을 토막토막 잘라 썼다. 집과 길과 학교를 오가며 똑같은 하루의 쳇바퀴를 맴돌았다. 동시에 시간을 보냈지만 서로의 운명은 달랐다. 그들은 각자의 시간 길로 갈래갈래 흩어졌다.

  시간을 당기고 싶은 적도 많았다. 첫 아이를 키울 때는 사소한 일상조차 버거웠다. 밤낮없이 우는 아이를 어쩌지 못해 일주일이나 한 달쯤 아니 십 년을 훌쩍 건너뛰었으면 하고 바랐다. 멀리 달아나고 싶을수록 옥죄인 시간은 더디 갔다. 내 안으로 들어온 생명과 어린 시간을 품는 도리밖에 없었다. 하루하루를 견뎠기에 순탄히 아들이 자랐고 시간의 자락을 붙들었기에 벼랑 아래로 추락하지 않았다. 검은 장막을 걷으면 찬란한 아침에 당도한다는 이치를 시간이 내게 가르쳐 주었다.

  시간에도 바닥이 있었다. 늪에 빠진 듯 질퍽한 시간. 몸은 자꾸만 아래로 허물어지는데 창밖으로 바람이 오가고 날은 저물었다. 세상은 쉼 없이 흘렀지만 홀로 정지된 시간은 가라앉기만 했다. 까마득한 어둠 속에 웅크렸다. 어느 저녁의 밥 짓는 냄새와 나를 부르던 목소리. 따뜻한 한끼의 잔상이 젖은 몸뚱이를 뭍으로 끌어올렸다. 멈춘 시간이 주춤거리면 또 다른 시간이 손을 내민다. 시간 속에 갇혔을 때 기억이 내민 손을 잡는다면 무거운 바닥을 치고 오를 수 있다.

새벽을 살아내는 사람들을 만났다. 첫 직장은 분초를 다투는 치열한 곳이었다. 운동화를 신고 화장도 않은 채 뛰어야만 했다. 버스는 시간의 변두리까지 밀려난 사람들로 흔들렸다. 뭇사람들이 탐내는 시간에 세 들지 못한 지친 얼굴들이었다. 전장에서 도망치듯 직장을 옮긴 후 내가 드나드는 시간의 영역은 재편되었다. 자동차 할부금을 갚기 위해 오래 머물렀던 구간에서 오후를 살아가는 사람들과 어울렸다. 더 이상 시린 공기를 쐬지 않아도 됐던 그때 나는 새벽에서 더 짙은 새벽으로 이주하던 침묵의 얼굴들을 잊었다. 세상을 함께 누려도 시간은 각자 흐른다.

어느덧 내 시간의 절반쯤은 이승의 모퉁이로 숨어버렸다. 집안을 꾸리며 밥벌이까지 하는 요즘은 모든 시간 사이를 가쁘게 오간다. 이른 아침을 넘보면 온종일 하품을 달고 있어야 하고 장기간 시간을 옮겼다가 몸살도 앓는다. 아이들이나 남편이 맡겨오는 다급한 시간도 언제나 내 몫이다. 가버린 시간은 되돌릴 수 없고 다가올 시간은 빌릴 길이 막막하다. 어쩔

도리 없이 오늘을 쪼개 쓰느라 자주 종종거린다.

  인연의 덫에 걸려 허우적댈 때, 시간의 얼굴을 마주하고 묻는다. 방심했던 순간과 떠올리기 싫은 찰나를 시간은 아무도 모르게 묻으라 한다. 흙으로 덮으며 다독다독 봉분을 쌓으라 이른다. 가없는 시간에 내 짧은 시간을 기대어 바람이 수천 번 지나가기를 기다린다. 무덤 주위에 잡초가 무성해지면 다져진 세월도 햇흙이 되어 새 생명을 싹틔우리라. 헛되이 보낸 시간의 단편들을 찾아 낮은 묘비 하나 세울 날을 기약한다.

  시간 위에 놓였다. 때가 되어야 태어날 수 있고 주어진 날을 다하면 사그라진다. 무한히 흐르는 시간의 어느 지점에서 돋아나 이리저리 떠돌며 흔적을 남기려 애쓴다. 삶이란 시간의 정착지를 찾아 끊임없이 이사하는 과정이다. 어떤 이는 평생을 시간의 가장자리에서 맴돌고 다른 누군가는 심장부를 차지하지만 세상의 모든 시작에는 의미가 있고 끝은 함부로 뜻매김 할 수 없다. 운명의 바깥으로 밀려나기 전에 생의 터진 골을 메울 시간이 남았다. 거대한 왕릉의 주인이자 만물을 누렸던 자도 움켜지지 못한 하나, 살아 꿈틀거리는 시간이 지금 여기 내 곁에 놓여 있다.

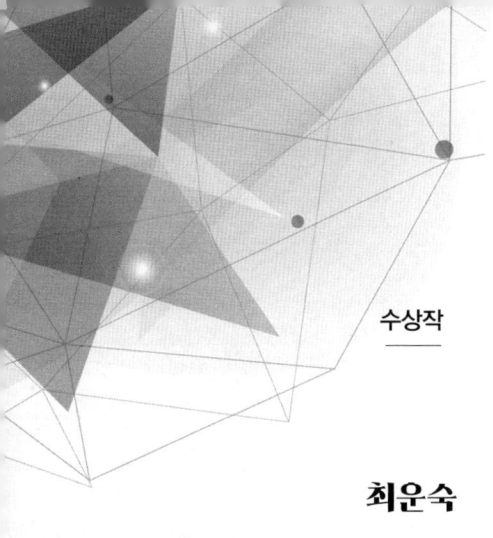

수상작

최운숙

낙烙

| 작가노트 |

⋮

―――

수상작 외 2편

〈맺음말〉
〈위로慰勞〉

최운숙
2018년 《수필과비평》 등단
충북수필회원
수필집: 《춤사위》

| 수상작 |

낙烙

인두가 춤을 춘다. 불덩이를 안고 종이 위를 징검징검 걷는다. 날이 힘차게 오르내리고 몸통을 뉜 인두가 비탈진 면에 평평하게 낙을 놓는다.

장인이 손풀무를 돌린다. 불길이 활활 타오른다. 화로 속 숯이 인두를 달구고, 인두는 불과 함께 종이 위에서 낙화한다. 흰 여백이 산이 솟고, 바위를 품고, 떨어지는 폭포수를 안는다. 낙을 놓는 빠른 손놀림에 눈을 뗄 수 없는 숨 막히는 찰나, 장인이 휘두르는 불의 소리가 허공에서 부서진다.

여덟아홉 살쯤 엄마를 따라간 장터에서 낙화를 처음 보았다. 농기구 가게 옆 모퉁이에서 할아버지가 문패를 새겼다.

진열판 위에 한자로 새겨진 패와 빈 판이 주인을 기다리듯 줄지어 섰다. 긴 수염을 한 할아버지는 달군 인두로 사각 나무판을 후벼 팠다. 나무는 하얀 연기를 내뿜으며 깊숙이 패었다. 밝은 나무에 검게 찍힌 이름이 또렷했다.

 내가 읽을 수 없는 글자지만 문패가 근사해 보였다. 엄마는 집도 사람처럼 이름이 있어 그 집에 누가 사는지 알린다고 했다. 때로 대문에서 사람을 기다린다고도 했다. '아, 그래서 우리 마을 최부잣집 이름표를 보러오는 사람이 많은 거구나. 나도 커서 대문에 아버지의 장구를 달아줘야지.' 생각했다.

 수학여행에서 다양한 낙화를 보았다. 타원형의 나무에 물레방아가 찍혔고, 커다란 나무판에 예수 그림과 풍경화, 초상화, 하트 모양 나무판에 새긴 그림이 있었다. 나는 엄마에게 선물할 요량으로 그림이 그려진 주걱과 책갈피로 쓸 수 있는 작은 소품을 샀다. 마음을 담은 선물로 제격이었다.

 낙화 장인의 전시실을 찾았다. 입구에 그림 그리는 곳이 있고, 안쪽으로 다양한 작품이 전시되었다. 생동감 있는 선과 풍부한 질감으로 극명한 대비를 보여주는 낙화가 놀랍다. 천천히 둘러보다 활 등 모양의 굽은 선으로 그린 산수화에 눈길이 멈췄다. 〈하산도〉라는 이 그림은 한지에 그린 낙화다. 냇물과 기암으로 이루어진 풍경화로 산 능선마다 옅은 운무가 내려앉았다. 짧은 선의 우모준이 산봉우리를 휘감고 있어 시선을 끈다. 멀찍이 바라보다 아득한 그 정취에 빠져 정신이

몽롱하다.

　장인이 따뜻한 차를 내민다. 투박하고 거친 손이 낙화와 걸어온 길이 담겼다. 두 손으로 찻잔을 감싸 안는다. 주인의 외길 인생이 전해온다. 장인이 낙화를 선보인다. 육면체 나무속에 하트 모양이 파닥거린다. 나도 장인을 따라 인두 촉을 세운다.

　인두 속으로 오래전 일이 떠오른다. 친구는 오른쪽 팔에 붉은 장미를 새기고 나는 왼쪽 어깨와 눈썹 위에 검은 달을 새겼다. 장미와 달이 우리를 아름답게 보이며 어떤 상황에서 방어해 줄 거라 믿었다. 사람들은 빤히 쳐다보거나 흘깃흘깃 보며 쏙닥거렸다. 그 시선이 부담스러워 없애려 했지만, 낙형처럼 찍힌 그림은 지워지지 않는다. 숙명처럼 매달린 낙화 장인 앞에서 나는 마음을 들킨 사람처럼 얼굴이 화끈거린다. 만지고, 그리고 빚는 체험을 통해 진정으로 이루고 싶은 내 안의 꿈을 두드린다.

　먹과 붓을 대신한 태움이 신비롭다. 태우며 번지는 빛은 인간이 만들 수 없는 색으로 오직 태워야만 나타나는 색이다. 삶과 죽음의 경계, 그 어디쯤의 색일까. 옅어지다 짙어진다. 불의 그림을 통해 태곳적의 주술사가 그랬듯 죽음을 극복하려는 의식을 치르는 것인지 인두를 잡은 손이 종이 위에 경계의 세상을 올려놓는다.

　나뭇결이 촘촘하고 단단한 오리나무가 낙질을 기다린다. 장인의 손에 들린 인두가 다가온다. 나무도 사람을 알아보는 법, 비우고 가벼워져 결만 남긴 나무는 주인의 불길을 받아들인다. 지글거리는 소리와 함께 연기 속에 한 필치 두 필치 이어진다. 관음보살도가 서서히 모습을 드러낸다. 나무는 타는 고통을 참으며 뜨거움을 끌어안는데, 그것은 자기 삶이 구현하지 못한 세계이다. 자신을 온전히 버린 후 다시 태어나는 생명으로 불멸의 기도가 담겼다.

모든 예술가는 작품과 함께 진화한다. 반 고흐가 해바라기, 붓꽃, 목련을 그의 손에서 재탄생시킬 때 작가도 새로운 존재로 태어났다. 사라져가는 전통 회화인 낙화를 잇는 장인의 손길도 진화한다. 어제보다 빠르고 거침없는 손놀림은 전설이 되지 않기 위한 절박함이다.

컴퓨터 앞에 앉아 붓을 든다. 매끄러운 글자가 자르르 펼쳐질 것 같은 마음과는 다르게 손은 얼어붙었다. 붓으로 나를 다스리거나 누구를 감싸준 적이 없으니 점 하나를 찍는 일이 고된 훈련이다. 사람마다 가슴 저 밑바닥에 불씨 하나 안고 산다. 불씨를 깨워 명작을 만드는가 하면 세대를 잇는 길을 놓기도 한다. 느리기 그지없는 나도 어느 한때 솟구치듯 타오르는 열정이 있었을 터, 그날을 휘잡아 불씨로 써 볼 날이 언제일까.

자판을 눌러 낙烙이라 쓴다. 가슴이 뜨거워진다. 종이 속 세상이 한 번쯤 자신을 불살라라, 새로운 세계를 그려보라 말하는 것 같다.

| 작가노트 |

달항아리에 천 원을 넣는다. 매일 천 원을 넣는 것이 올해로 10년째다. 한해를 마감하는 12월 31일 볼록해진 항아리를 비우면 항아리는 공이 된다. 공인 항아리 자체를 마음에 담은 사람이 있다. 나는 마음이 깊지 못하여 공을 품지 못하고 다시 천원을 넣어 부자를 꿈꾼다. 항아리 속 삼백 개의 천 원짜리는 연말에 동네 주민센터로, 가래떡으로 바뀌어 이웃과 함께한다. 천 원보다 큰 금액을 넣어본 적이 거의 없다. 내 그릇은 늘 천 원이다. 어쩌다 빳빳한 만 원권을 넣을 때가 있다. 그런 날이면 나도 구김 없는 멋진 사람이 된 것처럼 기분이 좋아진다. 어쩌면 지폐도 나름의 사연과 영혼을 가졌을지도 모른다. 서로 다른 것들이 만나 상호 작용을 하여 하나가 되고, 그렇게 만난 합이 다시 나뉘어 각각 하나의 존재로 돌아간다. 각각의 존재는 어떤 모습의 작품이 되었을까. 내 글쓰기도 천 원짜리와 같아 만 원의 위상을 가져보지 못했지만,

항아리 속 부활을 꿈꾼다. 40년 낙화烙畵 장인이 항아리에 욕심이 가득 찼다며 허허 웃겠지만, 그날을 위해 한 뼘씩 나아가고자 한다.

| 수상작 외 2편 |

맺음말

〈꽃구경〉이다. "어머니 꽃구경 가요. 제 등에 업히어 꽃구경 가요." 소리꾼 장사익의 구성진 목소리다. 라디오로 듣고 있지만, 한복 차림의 그 가냘픈 몸매가 좌우로 흔들리는 모습이 눈앞에 아른거린다. 덜컥, 심장이 내려앉는 것 같아 애써 채널을 돌린다.

당신은 눈을 감고 있다. 그토록 기다렸을 아들이 왔는데도 짐짓 모른 체한다. 꽃구경(?) 보낸 것을 '서운타' 하실까 살피지만 표정이 무심하다. 병원 밖 꽃은 다시 피고, 당신은 멈춘 시계처럼 귀잠 속이다.

호흡기를 내리면 무슨 말을 할까. 멀고 고단한 인생길이었다고 긴 숨 내쉴까, 형제들을 살피라고 당부의 손을 잡을까. 막내가 오히려 맏이로 살아줘서 고맙다 토닥일까. 아니, 아니다. 삼십 년을 당신과 함께한 며느리에게 미처 하지 못했던 '어멈아! 고생했다. 고맙구나.' 할 게다.

아이는 태어날 때 큰 소리로 운다. 신비롭고 오묘한 세상의 첫 문을 여는 외침은 '응애'다. 응애는 인생을 여는 말이다. 한번 살아 보겠다는 선전포고다. 그리곤 재롱을 떨며 말을 배우고, 넘어지면서 오히려 단단해지고, 세상 사람들과 부대끼면서 비로소 주변을 껴안을 품을 갖게 된다.

나는 한가위에 태어났다. 할머니는 세숫대야에 담긴 따뜻한 물을 적셔 첫울음을 닦았다. 달빛은 마당을 차올라 방안을 넘실거렸고, 내 울음소리는 하얀 밤을 건너 옆집 담을 넘었다. 할머니는 삼신께 고한 후 대문에 금줄을 쳤다.

섬을 떠나 처음 뭍에 섰을 때, 아버지의 편지는 말했다. "돈 조금 넣었다. 배곯지 마라. 우떤 경우에도 기죽지 말구……."

그런데 왜 떠나올 때 엄마가 했던 '공부 열심히 하구.'는 하지 않았을까. '……'는 무슨 의미였을까. 그러나 내가 그 말줄임표 속 아버지의 마음을 이해하기도 전에 그 줄임표는 아버지의 마지막 당부가 되고 말았다. 청소년기의 내가 감당하기에는 벅찬 마침표였다.

그렇게 아버지가 떠나고, 그 빈 공간에서 나는 아버지 대신 가난한 남자를 만났다. 그는 종종 편지에 그림을 그려 보내곤 했다. 그 그림은 내게 문득문득 도무지 알 수 없는 시가 생각나게 했다. 그림을 그리다 문득 생각난 듯 노래를 불러 줄 때면 그 노랫말이 허스키한 목소리를 타고 가슴에 쿡쿡 들어와 박히곤 했다.

전문 기술을 가진 남자와 선을 봤다. 눈이 선한 남자였다. 마음이 닿아있는 현재와 새로운 관계에서 경제적인 우위를 택했다. 그림에 들어가 있는 나를 뽑아내고, 그가 씌어준 우산을 던졌다. 그는 투명한 물방울을 달고 돌아섰다. "잘살아라." 그가 남긴 말은 빗물에 섞여 멀리 흘러가 버렸다. 그 후 지금까지 견뎌 온 세월을 곱씹어보니, 그때 그에게 던졌던 이 별통보는 평생 내가 한 말 중에서 가장 잔인한 말이었다.

신접살림을 차렸다. 복도를 따라 열두 집이 붙어있는 아파트였다. 남편이 출근하고 나면 대문을 활짝 열어놓고 모차르트를 틀었다. 음악 소리는 LP판을 타고 복도를 달려 맨 끝집까지 달려가곤 했다. 그 집 새댁이 털 뭉치와 건너와 우리 둘은 음악에 기대어 뜨개질했다. 뜨개는 색깔을 입고 엄마와 남편의 따뜻한 등이 되곤 했다. 두 해를 함께하다 그녀가 캐나다로 갔다. "보고 싶을 거야." 그녀가 한 말이었다. 30여 년이 지났지만 지금도 여전히 싱싱한 채로 남아 있다.

생각해 보니 시어머님과 나는 눈 맞추며 웃었던 기억이 별로 없다. 성에 안 차는 며느리를 보듬고 살아야 하는 당신은 많은 것을 내려놓아야 했을 테고, 시간이 갈수록 작아지는 나는 내 흔적을 지워갔다. 마주본다는 것은 도전이었고 내겐 그런 용기가 없었다. 곧 출가할 아들을 보니 알겠다. 모든 것을 아들에게 걸었던 당신 마음을.

이불을 비집고 나온 시어머님의 맨발이 보인다. 두 손으로 감싸안으니 앙상한 발에 온기가 돈다. 가슴 저 밑바닥에서 알 수 없는 무엇이 올라온다. 미안함과 죄스러움이 섞인 알싸함이다. 분명, 내 말을 듣고 계실 거라 믿으며 오랜 헤맴 속의 말을 건져 당신께 올린다. '제가 죄송합니다. 잘못했습니다.' 그런 생각을 하자 눈물이 쏟아져 나온다. 그러나 눈을 감고 있는 당신은 내 말을 듣지 못한다.

시어머님을 흰 방에 두고 돌아오는데 목이 탄다. 당신께서 자주 드시던 막걸리가 생각난다. 지갑을 열자 '장기 조직기증'과 '사전연명의료의향서 등록증'이 보인다. 이 증표는 살아오며 수없이 뿌린 독설과 비난에 대한 용서이며, 다가오는 죽음에 대한 나 자신에게 주는 선물이다. 봉합된 선물은 지갑 안에서 천천히 때를 기다린다. 막걸리가 유난히 달 것 같다.

| 수상작 외 2편 |

위로慰勞

 용 한 마리가 연꽃 송이를 떠받들고 있다. 세 개의 다리는 바닥을 딛고, 한 발은 다섯 개의 발톱을 치켜들었다. 머리는 하늘을 향해 젖히고 입은 향로를 받치고 있어 마치 연꽃을 뿜어내는 형상이다.

 연꽃잎이 한 겹, 두 겹, 세 겹, 산으로 솟았다. 계곡을 달리며 짐승을 사냥하는 사람과 명상에 잠긴 신선이 보인다. 통통하게 살이 오른 호랑이, 얼굴은 사람인데 몸이 동물인 상상의 형상들도 보인다. 연기 구멍이 나 있는 뚜껑에는 다섯 악사가 앉았고, 산꼭대기에 날아든 봉황은 아래를 내려다본다. 신선 세상을 담은 박산로博山爐다. 모든 형상이 개별적이면서도 전

체적으로 조화를 이룬다.

금동대향로를 한 시간 동안 뚫어져라 바라보다 다섯 악사의 환영에 빠져들었다. 향이 피어오르고 다섯 악사의 연주가 시작된다. 자그마한 악사가 무릎에 악기를 놓고 뜯고, 켜고, 치고, 불며, 퉁겨내자 하나하나의 선율이 음악이 되어 향로의 연기와 함께 퍼진다. 그 엄숙하고 느린 가락을 따라 오래전 고향집으로 간다.

차일을 친 마당에 제상이 차려있다. 종이로 사람 모양을 오린 넋이 보이고, 상 뒤 병풍에는 아버지의 옷이 걸렸다. 촛불이 켜져 있고, 실을 감아 세워놓은 수저가 밥그릇에 꼿꼿하다. 그 옆에 쌀을 담고 대나무 가지에 종이를 단 손대가 꽂혀있다. 배 모양의 작은 상여도 보인다.

아버지는 안방 윗목에 반듯하게 누웠다. 숙부가 얼굴과 몸을 깨끗하게 씻기고 수의를 입혔다. 나란히 버선을 신겨드리고, 입에 쌀과 동전 세 닢을 넣어드렸다. 땅 밑에서 오랜 시간을 보내다 하늘로 날아오르는 매미처럼, 아버지는 저승길 양식과 노잣돈을 넣고 부활의 길에 섰다. 뭍에서 공부하던 나는 뱃길을 달려와 아버지를 부르며 다시 살아나달라고 애원한다. 병풍 하나를 두고 생과 사가 함께한다.

소복에 장삼을 걸치고 고깔을 쓴 당골이다. 왼손으로 징을 받쳐 들고 오른손에 징채를 들어 굿의 시작을 알린다. 창호지로 만든 여러 장의 종이돈을 내려뜨려 양손에 쥐고 사방을 휘저으며 춤을 춘다. 발은 움직임이 작고, 추어올린 손끝이 허공에서 맴돌다 휘돌린다. 장단이 자진모리로 바뀌자 춤은 더 빨라진다. 무당은 춤을 추며 신을 부르고, 무가 소리는 굿판을 돌아 먼 길을 떠난다.

당골이 긴 무명베에 일곱 매듭을 지었다가 무가를 부르며 한 매듭 한 매듭씩 푼다. 돗자리에 아버지의 바지, 저고리를 펼쳐놓고 둘둘 말아 묶어세운다. 그 위에 밥그릇을 얹고, 솥뚜껑도 올렸다. 향 물과 쑥물, 맑은 물을 빗자루에 묻혀 머리부터 아래로 씻긴다. 무당이 사설을 하면 장구, 피리, 북, 아쟁은 숨을 죽이고, 무악 소리가 높아지면 무당의 몸짓은 격해진다. 사설과 가락이 흩어지다 다시 모인다.

굿판이 깊어진다. 숙모와 고모가 긴 천의 양쪽 끝을 잡고 섰다. 당골은 아버지의 넋과 돈이 담긴 배 모양의 작은 상여를 질베 위에 놓는다. 상여를 앞뒤로 밀고 당기며 한끝에서 다른 끝을 오가며 무가를 부른다.

"하직이야. 하직이로구나. 살던 집도 다 버리고 일가친척 다 버리고 세왕산 가시고자 하직이로구나."

마치, 아버지와 당골이 소리를 메기고 받듯 살풀이장단의 무가소리가 가슴을 파고든다.

엄마는 고치지 못한 아버지의 병을 씻김굿으로 위로했다. 아픔을 잊고 훨훨 날아가길 바라며 꽃상여에 태웠다. 엄마의 마음을 알기라도 하듯 영여靈輿 속 아버지의 얼굴에 미소가

번졌다. 다시는 못 오는 길이지만, 한줌 흙이 되고 한 줄기 바람이 되어서라도 남은 가족과 함께해 달라 염원했다.

모든 사람은 '탄생의 문'과 '마침의 문'으로 삶과 죽음의 경계를 넘는다. 숨가쁘게 달려온 생을 접으며 비로소 메고 있는 짐을 내려놓는다. 망자를 위해 축원을 하고 남은 사람은 다시 일상의 세계로 무사히 넘어가길 바란다. 떠난 사람은 이곳에 없지만 마음속에 영원히 함께 살길 기원한다.

남편과 손을 잡고 보건소엘 갔다. 사전연명의료의향서와 장기기증 신청을 하고 그 증표를 나란히 수첩에 넣었다. 이것은 우리 부부가 다가올 죽음에 대해 서로에게 주는 위로이며, 이식을 기다리는 사람의 마음을 어루만지는 일이다. 당신의 미래를 한걸음 미리 가 보며 여행 가듯 가벼이 떠나자는 약속을 담았다.

자유로운 죽음을 맞을 수 있는 '마침의 문'을 만들고 보니 이 문은 기별도 예고도 없이 어느 순간 열릴 수 있다는 생각이 든다. 어떻게 살아야 할지 생각이 많아진다. 문득. 백제 위덕왕은 금동대향로에 어떤 마음을 담았을까 궁금해진다. 검푸른 석양이 쏟아진다. 한 생의 문이 닫혔나 보다.

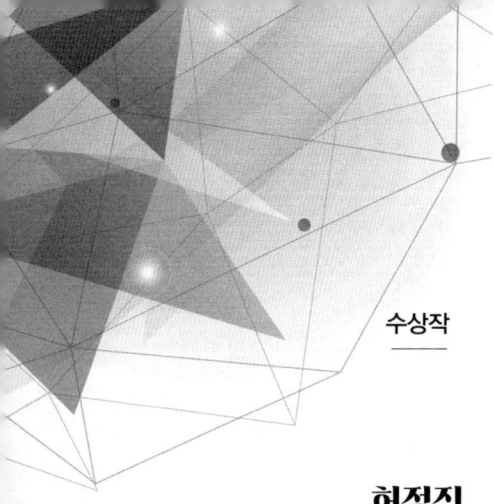

수상작

허정진

망치학 개론

| 작가노트 |

⋮

수상작 외 2편

<나비, 다시 읽다>
<콩나물 촌감寸感>

허정진
2017년 《전북일보》 신춘문예 수필 당선
수필집: 《꿈틀, 삶이 지나간다》, 《시간 밖의 시간으로》,
《삶, 그 의미 속으로》 등

| 수상작 |

망치학 개론

"탕! 탕! 탕!"

 망치 소리다. 심장이 덜컹덜컹 울려온다. 광야의 천둥소리도, 전장의 총탄 소리도, 굿판의 꽹과리 소리도 아니다. 둔탁하면서도 옹골진 타격감이 허공을 가로질러 손바닥에 고스란히 전해온다. 두 번 세 번 가만히 듣고 있으면 어느덧 낯섦의 거부감은 사라지고 저 멀리 생生의 울림처럼 다가온다. 그 누군가의 땀방울과 거친 숨소리가 뱉어내는 삶의 소리가 틀림없다. 고목 둥치를 붙잡고 홀로 씨름하는 딱따구리처럼 망치가 저 혼자 우는 소릿결이다. 저 소리를 따라가면 세상 누구도 삶의 길을 잃지 않을 것 같다.

그 소리는 묵직하고 단단하다. 철성鐵聲이다. 아무렴 망치가 못보다 약하거나 물러서는 안 될 일이다. 짧고 단순해서 오히려 경쾌하고 명쾌하다. 해토머리 얼음장에 쩡쩡 금이 가는 소리, 아침을 깨우는 시작 소리, 고난의 덤불을 헤쳐 나가는 행진 소리, 오래된 경계를 무너뜨리는 파열음인지도 모른다. 그 소리가 높든 낮든, 강하든 부드럽든 그 앞에 사람들은 움츠렸던 어깨를 펴고 근육질의 내일을 꿈꾼다. "넌 살아 있다!"라며 영혼을 일깨우는 고동 소리, 그 우렁우렁한 설렘을 기억하기 위해 망치질을 하는지도 모르겠다.

집안에 망치질이 필요하지 않은 때는 없다. 벽에 그림이나 가족사진도 걸어야 하고, 마루가 헐거워져 못이 튀어나오면 다시 박아야 한다. 어느 정도 요령과 기술이 필요하다. 수직과 수평으로 정확하게 망치질해야 못이 튕겨 나가지도 않고, 못을 잡은 손이 아래쪽으로 적정하게 위치해야 손을 다치지도 않는다. 무릇 세상일이란 중심과 균형이다. 처음에는 가볍고 적당하게, 장단은 아니라도 강약은 필요하다. 그 망치질 한 번에 태산이라도 옮겨놓은 듯 남자의, 남편의 어깨가 으쓱한다.

단원 김홍도의 〈대장간〉 그림에서도 마찬가지이다. 망치질 없이는 호미나 낫을 만들 수 없다. 모룻돌 위에 벌겋게 달구어진 쇳덩어리가 놓여있고 힘 좋은 메잡이 두 명이 긴 나무 자루의 쇠메로 번갈아 내리치고 있는 그림이다. "쩡 쩌엉 따앙 땅" 쇳덩이를 두들기는 메질이 지축을 흔들며 달려오는 말

발굽 소리가 되어 들려온다. 숨이 차 헐떡이는 저 메잡이의 입가에서 허기진 단내가 나는 것 같다.

 망치질이 못을 박는 일만은 아니다. 망치가 현을 때릴 때는 아름다운 피아노 소리가 나고, 망치로 수없이 도자기를 깨뜨려서 천하의 명품이 탄생한다. 부처님 살이 찌고 안 찌고는, 용이 하늘을 오르고 못 오르고는 정을 든 석공의 망치질에 달렸다. 법관이 법의 집행을 하고, 회의 석상에서 의사 결정을 위해서도 망치를 두들긴다. 의사에게는 수술 망치가, 요리사에게는 요리 망치가 있다. 해안가의 수리 조선소에서는 깡깡이 망치 소리가 나고, 쇼생크 탈출에도 작은 돌망치가 필요했다.

 망치가 있어 인류의 역사가 시작된다. 간혹 원숭이 같은 영장류 중에서 돌덩이를 망치로 활용하여 딱딱한 열매껍질을 깨뜨리는 일도 있지만, 제작 과정을 통한 연장으로 발전하지 않았기에 그들은 거기까지였다. 결국 돌을 갈고 다듬어 나무 자루로 연결해서 만든 망치가 인간의 손에 쥐어지면서 길을 내고, 집을 짓고, 바다 위 선박을 만드는 인류 최초의 문명이 되었다.

 망치질로 살아본 적 있었다. 늦은 나이에 미국에 이민하였을 때였다. 아무런 발판도, 기득권도 없는 이민 생활은 처음부터 다시 맨손, 맨발로 시작해야 하는 과정이었다. 처음에 선택한 일이 주택 외벽에 패널을 부착하는 일이었다. 하루 종일 망치를 들고 외장재 구멍에 못을 박아야 했다. 벽을 타고 오르며 팀원들이 한꺼번에 쏟아내는 그 망치 소리가, 목표량의 속도를 재촉하는 그 망치질이 한여름 양철 지붕 위에 소낙비 쏟아지는 소리 같았다.

망치질이 처음이라 고생이 많았다. 요령과 기술이 없어 망치를 잡은 손은 물집이 잡히고 껍질이 벗겨졌다. 손이 굳고 감각이 없어서 저녁때마다 손과 팔, 어깨 부위에 통증완화제를 바르면 온 집안에 약 냄새가 진동했다. 그렇게 몇 달을 무수한 동작을 반복하고 나서야 망치를 잡는 요령을 익히게 되었다. 코팅 없는 실장갑으로 망치를 약간 느슨하게 잡아야 이완 작용으로 손에 무리도 없고 힘도 들지 않는 것을 깨우쳤다. 생각하지 않아도 그냥 손이 알아서 망치질하게 되었을 때, '먹고산다.'라는 그 날것의 고통과 준엄함을 비로소 이해하기 시작했다.

망치는 정직하다. 그의 행로는 직선이고 직진이다. 강직해서 곧으며 완고해서 변함이 없다. 심지는 굳고 뚝심은 황소 같아서 요령을 피우거나 잔꾀를 부리지 않는다. 듬직하고 믿음직스러워 함부로 흔들리거나 좀처럼 물러서는 법도 없다. 망치 소리는 망치가 내는 소리가 아니다. 통증은 있을지언정 망치는 절대 울지 않는다. 누구는 때려야 하고 누구는 맞아야만 하는 이치지만 순백한 노동의 현장에서는 어떤 악의도 없고 피해의식도 없다.

망치질은 땀과 힘, 노력과 희망, 불굴과 불멸을 상징하는 정신적 메타포다. 나태나 방기, 도피나 비겁을 거부하는 자존의 삶이다. 석수장이가 내려친 백한 번째 망치질로 바위에 금이 가는 것은 백 번의 망치질이 있었기에 가능한 일이다. 망치를 든 사람은 사는 것이 힘들다고, 미래가 먹과녘 같다고 쉽게 포기하는 법이 없다. 분명한 목표와 방향을 향해 꿋꿋이 제 길을 가는 주체자의 길이다. 그래서 망치 앞에서 겸손해지고 순수해진다.

 "망치를 손에 쥐면 모든 것을 못으로 본다."라는 말이 있다. 무릇 모든 물상은 저 스스로 행위를 할 수 없기에 '사용하는 자'의 의지와 의도에 달렸다. 나아갈 때와 멈출 때, 적정한 힘의 분배가 없이 너무 지나치면 파괴가 될 수도 있는 일이다. 서로 다른 잇속과 궁리로 인한 불협화음이나, 사용자의 권한으로 함부로 내뱉은 웃자란 말들 때문에 갑과 을의 관계가 되어서는 안 되겠다.

 박히는 것은 못인데 때리는 것은 망치다. 얼마나 충격이 컸으면 망치로 얻어맞은 듯했다고 비유하는 말이 생겼을까 싶다. 못을 타격해 박을 수도 있지만 장도리처럼 반대편 쇠 지렛대를 이용해 못을 뽑을 수도 있는 것도 망치다. 살면서 남에게 상처를 주는 일이 없어야겠지만 혹시라도 누군가의 마음에 못을 박은 일이 있다면 이 기회에 결자해지라도 해야 할 모양이다.

| 작가노트 |

 암 수술을 받느라 2월 한파에 입원했다가 3월 해토머리에 퇴원했다. 집에 돌아오니 길가에 산수유 무리가 샛노란 꽃숭어리를 가지마다 펼치고 있었다. 꽃을 보니 봄이 느껴졌고, 차갑게 식은 빈방을 보니 외로움이 몰려왔다. 사물은 종종 잠재해 있는 의식을 불러 일깨운다.
 사물을 관념적 형상화하기를 좋아한다. 보는 관점에 따라 갖가지 의미와 현상을 내포하고 있는 사물, 인간적인 삶의 방향과 본질적 가치를 발견하기에 무궁한 소재가 된다. 문학적 완성도를 높이기 위해 언어와 미학적인 요소, 인본주의적 성찰, 경험적 사색도 빠뜨릴 수 없다.
 아직은 나의 글에 과거를 통째로 끌어들이기가 망설여진다. '다름'보다 '낯섦' 때문이다. 이 세상이 낯설고 존재가 낯설었다. 세상이 문을 열어둔 곳으로는 마음이 움직이지 않았고, 가슴이 뛰는 곳에는 아무도 눈길을 주지 않았다. 혹시나 정답이 아닐까 봐, 행여나 잘못될까 봐 한 발짝 물러서기 일쑤였다. 혼자에 길들어지고 침묵이 길어지는 동안 자칫 그로 인해 나 스스로 삶에 상처받을지 모른다는 두려움에서 빠져나오지 못하고 있었다.

    머리는 쇠고 눈주름은 졌지만 동심으로 글을 쓰고 싶다. 말솜씨로 감탄을 주기보다 순진하고 순박한 말투와 몸짓으로 웃음을 주고 싶다. 내 소박한 글에도 훈훈한 미소를 머금는 이가 있으면 기쁨이겠다.

| 수상작 외 2편 |

나비, 다시 읽다

한 줄의 시詩가, 한 폭의 수채화가 거기 있다. 나풀나풀 날갯짓으로 투명한 오선지를 노래하듯이 오르내린다. 한복의 선과 색이 저렇고, 부채춤을 추느라 사뿐사뿐 버선발의 율동과 맵시가 저러할 것이다. 기류를 타는 새가 아니기에 겅둥거리는 건들마 어깻죽지에 올라 우아하고 경쾌한 공중 발레를 펼친다. 점점이 허공을 꽃비로 수놓은 나빌레라, 분명 비행이 아니라 춤사위다.

그 몸짓에 현혹된 인간들이 아기의 '나비잠'이나 검불을 날리는 키를 '나비질'한다고 하고, 세수하고 대야의 물을 마당에 쫙 퍼지게 끼얹는 것도 '나비물'이라고 명명했다. 오케스트라

지휘자의 현란한 손놀림도, 빙판 위 피겨 선수의 우아한 몸동작도 모두 나비 흉내를 내는 것이다. 육이오 전쟁의 전투 상황에서 "아! 나비다!" 한 마디 외침과 함께 목숨을 잃은 그 병사는 나비의 영혼과 몰래 입맞춤했기 때문이다.

부드럽고 유약한 존재다. 한 방의 죽음이 장전된 가미카제식의 벌 같은 운명 교향곡이나, 위풍당당한 개미처럼 라데츠키 행진곡의 힘은 느껴지지 않는다. 약한 것들은 위장술에 능하다. 나를 방어하기 위해 독이나 속도도 갖추지 못한 나비는 날개에 화려한 색깔과 무늬를 방패 삼아 꽃으로 숨어들었다. '나비는 꽃이 쓴 글씨, 꽃이 꽃에게 보내는 쪽지'라는 시인의 은유는 그런 공감에서일 것이다.

너울너울 허공을 건너뛰는 위험한 스텝을 두고 누가 그를 가볍다고 치부했는가. 꽃을 향한다고 사람처럼 꽃향기에 취해서 찾는 것이 아니다. 갈지자로 횡보하며 방향도 없는 길을 가는 것 같지만 나비의 눈엔 꽃들이 삶의 이정표며 나침반이다. 꿀을 먹는 나비나, 이슬만 먹고 사는 반딧불이나 그들에게는 먹고사는 생존 방식이자 실존의 그림자들이다.

나비의 생이 화려하다는 것은 사람의 착각이다. 나불대는 나비나, 날렵하게 물 위로 튀어 오르는 숭어나 그것이 한바탕 놀이라면 얼마나 좋을까마는 다 살고자 하는 몸부림일 뿐이다. 동물의 사체에서 흘러나오는 검붉은 액을 빨아먹거나, 시퍼런 강줄기 앞에서 아무 두려움 없이 도하하는 황홀하고 장엄한 나비의 날갯짓을 보았는가. 삶 앞에서 빈약하고 나약한 생명체는 어디에도 없다.

찢기고 상처 난 꽃잎에 더 발길이 잦은 나비의 애증은 어디서 오는가. 향은 나는데 꿀이 없으면 벌들은 사나워지지만, 나비는 꽃의 영혼만으로도 만족한다. 그래서 아슬한 일탈처럼 여기저기 옮겨 다니며 가벼운 접촉만 한다고, 벌이나 개미처럼 내일을 위해 예비해 둘 줄 모른다고 그 진정성을 의심받는 것도 사실이다. 필요 없는 것으로부터의 자유, 그것이 곧 나비의 '텅 빈 충만'인 것도 모르고서.

한때는 나비를 조롱한 적이 있었다. 그 어디에도 꿀벌 같은 충직함, 개미 같은 성실함도 보이지 않고 홀로 유유자적하는 그 이질감에 치를 떨었다. 아무 노력과 수고도 없이 겉으로 미혹적인 자태만으로 삶을 유린하는 것 같아서, 정당한 삶의 기준과 도리에 순치하지 않고 비생산적인 태도로 일관하는 것 같아서였다. 세상에 삶 같지 않은 삶이 어디 있다고, 석가모니도 자기 고향의 나비를 그리워하며 스승과 다름없다고 했는데.

무릇 용화와 우화의 변태를 거치지 않은 삶은 없다. 우화할 때 잘못하여 펴지 못한 날개는 죽음에 이르고, 일령이령삼령의 탈피를 거쳐 기나긴 고통 속에서 비로소 자유를 얻어 한 마리 나비로 탄생한다. 낭만주의자 슈만의 피아노 독주곡 〈나비〉처럼 비상의 잠재력을 지닌 현실 속의 애벌레가 마침내 변용을 이루어 초월을 향해 날아갈 수 있는 날개를 얻도록 희원의 메시지였다.

여린 생이 끌고 가야 하는 무거운 삶이기에 순결하고 고결하다. 동식서숙東食西宿하며 돌아올 집도 없이 떠나는 여정이지만 어디에도 매이지 않는 홀가분함이라니, 저 허공 한 귀퉁이가 케렌시아며 카르페 디엠이다. 삶은 나를 찾는 여행이다. 세상의 변화를 포용하고 희망의 전령을 날갯짓하는 아롱다롱한 비상이다. 자기 삶에 자유를 꿈꾸는 구속받지 않은 몸짓이다.

부전나비 한 마리가 부챗살 날개를 펄럭이며 장다리꽃에 하르르 내려앉는다. 쉬어갈 참인지 푸른색 날개를 등과 수직으로 세워 곱게 접었다. 찬물로 풍경을 씻어낸 듯 갑자기 사위가 고요에 빠져든다. 꽃에서 달콤한 꿀을 취하고는 저 노란 꽃술을 부여잡고 우아한 탐미에 빠져들 모양이다. 사랑만큼 가성비가 낮은 것도 없다는 것을 알기에 시간과 영혼을 함부로 구애에 쏟아붓지도 않는다. 매미처럼 들어 달라는 울음도 없고, 반딧불이처럼 보아달라는 형광도 없다.

삶이란 신비고 축제다. 나비의 날갯짓이 유희고 풍류라 해도, 설사 한밤의 호접몽 같은 활옷이라고 해도 어떡하랴. 소리가 없어 풍각쟁이는 못 되지만 나불나불 굴퉁이 춤꾼이면 족하다. 항산恒産이 없으면 항심恒心도 없듯, 꿈이 없으면 평생 남의 꿈을 위해 살아야 하는 법이다. 행복은 여정에 있지 목적지에 있는 것이 아니라고 했다. 나비는 출발부터, 행보 그 자체가 행복이다.

무위無爲는 곧 영원을 사는 삶이다. 욕망에서 벗어나 존재하는 자로 사는 것, 순정한 시간으로 무상성의 세상과 공존하는 것이 나비의 삶이다. 나비는 자신의 이익을 위해 남을 속이거나 피해를 주지도 않고, 앞서거나 누구를 방해하지도 않는다. 채우고 숨기고, 탐하고 뺏는 일은 인간사일 뿐이지 자연계의 공동체 속에 사는 나비에게는 처음부터 의미 없는 일이다.

나비의 날갯짓에 그들의 언어와 문장이 있다. 아무도 모르는 내일을 염려하고 절망하기보다는 오늘, 남의 복사본이나 모사품이 아니라 '나'라는 원본으로 살아가라고 귀띔한다. 세상은 좋은 일, 나쁜 일만 있는 게 아니라 이런 일, 저런 일도 있다며 슬며시 어깨를 다독인다. 인간의 삶이 때로는 지고지순하고 말랑말랑해진 것도, 비폭력과 평화를 외칠 수 있는 것도, 욕심이나 이기에서 벗어나 여유와 낭만을 찾을 수 있는 것도 모두 나비의 덕이다.

나풀나풀 나비 한 마리가 허공을 다 짊어지고도 가볍게 날고 있다. 터벅터벅 인생길 하나 제대로 넘지 못하는, 아! 나비보다 가볍기만 한 나의 삶이여!

| 수상작 외 2편 |

콩나물 촌감寸感

말아 쥔 악보 속에 높은 음표들이 유희한다. 슬픔을 날것 그대로 토해내는 비탈리 '샤콘느'의 음계며 선율일까. 의뭉스러운 삶의 비정을 맛본 느낌표와 의문형의 기호들이 세상 앞에 단독자처럼 버티고 있다. 아니다. 잎도 없이 연둣빛 꽃망울을 머리에 이고 올라온 석산 꽃 대공들이다. 미끈하고 탄력적이며 날렵한 몸태. 실오라기 하나 걸치지 않은 나체 그대로이다.

건강에 좋다며 지인이 재배한 까만 쥐눈이콩을 선물 받았다. 크기는 좁쌀만 하지만 오동통하고 앙증맞은 모습이다. 콩나물 기르는 일은 남자도 할 수 있다고 부추겼다. 혼자만의 살림에 항아리 들여놓기도 부담스러워 투명한 페트병을 이용해 조그만 시루 두 개를 만들었다. 성장기는 일 여드레, 일차를 두고 기르면 사나흘에 한 번꼴로 콩나물을 맛보는 셈이다. 까만 비닐봉지를 우장처럼 발끝까지 씌우고 기도 시간 지키듯 하루 서너 차례 물을 주는 것이 수행자의 의례처럼 되었다.

산다는 것은 눈뜨기부터일까. 꿈쩍도 하지 않을 것 같더니 어느새 흑진주 같은 껍질을 젖히고 세상과 호흡한다. 보드라운 잇몸에 젖니 돋아나듯 여린 싹눈이 빼꼼 고개를 내민다. 탈피각을 뚫고 나오는 영락없는 애벌레다. 눈 깜짝할 사이에 올챙이 꼬리 자라듯 고물고물 우윳빛 속살을 드러낸다. 한 점으로 발아한 몸뚱이가 싱그러운 물밥을 먹고 되새김질하면서 옆구리에 숨어 있던 생장점을 간질였나 보다.

어찌 된 일일까. 실지렁이처럼 뒤엉켜 넘어지고, 고꾸라지고, 물구나무서고, 처음에는 직립이 아니었다. 저게 어떻게 고개를 들고 일어설지 의구심이 앞선다. 과중한 물의 부력에 무게중심을 잃었을까. 깜깜한 밤길에 방향과 위치를 상실한 것은 아닐까. 어쩌다 물을 제때 주지 못하면 뿌리가 억세어지고 굽어져 사방팔방 촘촘히 뻗어나가는 것을 본다. 살아내기 위한 몸부림이리라.

허공이었을 테다. 무언가를 붙잡으려 손을 뻗었지만 해바라기할 빛도, 딛고 설 땅도 없었다. 안개 속에서 헤매는 것처럼 길도 불빛도 없는 전도顚倒, 그 두려움과 절망에서 살아남는 일이란 서로가 서로를 붙잡는 일이었을 것이다. 잔뿌리끼리 버팀목 역할을 하여 서로 보듬고, 부둥켜안고, 등받이 하며 저들 힘으로 일어서 결국 울울창창한 숲 하나가 만들어진다.

 잎도, 가지도, 꽃도 없이 순과 뿌리뿐이다. 햇빛의 엽록체보다 달빛의 백색체에 익숙한 결과이다. 색도 향도 없지만 청처짐 한 낙숫물 소리, 청각 하나로 세상을 읽는다. 자양분은 광합성의 유기물이 아니라 오직 침묵 한 모습과 물 한 모금이다. 군더더기 말이나 글이 필요 없는 불립문자처럼 세상을 향해 오로지 막대기처럼 곧은 몸 하나로 자신을 표현한다. 굴속 같은 어둠 속에서 어쩌면 세상을 버리지 못하는 은자隱者이고, 숨어서 내다보는 견자見者의 흉내라도 내는 것일까.

 씨앗은 열매를 맺고 열매는 다시 씨앗으로 돌아가는 것이 만물의 이치일 테다. 신의 지문처럼 그만의 생애와 우주가 담겨 있는 씨앗, 흘러내리는 물의 입김으로 싹을 틔우려 했을 때 그는 무슨 꿈을 꾸었을까. 모든 생명이 그러하듯 초록의 싱싱한 대지에 오렌지빛 태양을 쬐며 푸른 잎과 향기로운 꽃을 피우는 꿈을 간직하였을 것이다. 막상 세상은 온통 어둠의 장막으로 드리워져 보이지도, 벗어날 수도 없다는 것을 알았을 때 당혹해하지나 않았을까. 같은 콩깍지에서 자랐는데도 하나는 땅에서 자라 씨앗을 맺고 하나는 물에서 자라 나물이 된 운명을 어떻게 받아들였을까.

운수소관이라고 하기에는 너무 무책임하고, 신의 뜻이라면 너무 불공평한 일이다. 꿈꾸는 석회동굴의 석순처럼 빛 하나 없이 젖은 몸으로만 살아야 하는 구조적인 숙명. 가난의 수용소에 내몰린 여린 군상들처럼 맨몸으로 일어서야 하는 사시랑이 육신. 어찌할 것인가. 장벽을 넘고 수렁에서 탈출하듯 오직 수직상승의 의지밖에는 달리 도리가 없었을 것이다.

웃자란 콩나물을 뽑고 나면 뒤늦게 자라는 것, 그제야 싹을 틔우는 것도 보인다. 마음 깊은 곳에 울혈 때문인지 어느 씨앗은 결국 싹을 틔우지 못하는 것도 있다. 우리네 사는 모습도 그러하리라. 작지만 단단한 존재로 어둠 속에서 의연하고 담대하게 깨어나기도 하지만 조건과 환경을 이겨내지 못하고 상실과 무기력에 빠져 허우적거릴 때도 있다. 청국장을 띄울 때 발효와 부패는 종이 한 장의 차이인 것처럼.

마음먹은 대로 되지 않는 것이 세상살이다. 삶은 늘 통제할 수 없는 것들, 불확실성을 내포한 풀기 어려운 방정식 같다. 때로는 신세타령도, 한 번쯤 인생 역전을 꿈꾸기도 한다. 하지만 주어진 자기 길에 순순히 응하는 자들, 있는 그대로의 삶을 받아들이고 하루하루 최선을 다하는 그들 가슴으로 삶의 의미와 이유가 분명하게 발현하고 있음을 느낀다. 재주가 뛰어난 사람보다 현실을 잘 견뎌내는 사람, 행복을 찾아 내일을 쫓아가는 사람보다 오늘에 만족하고 잘 살아내는 사람들이 어쩌면 삶의 정답인지도 모른다.

  얼큰한 콩나물국이 먹고 싶다. 덮어둔 까만 봉지를 조심스레 벗긴다. 밤새 올라온 콩나물들이 싱싱하면서도 비릿한 냄새를 풍긴다. 이제 막 세상 옷을 갈아입은 새물내인지, 긴장하며 치열하게 살아온 식은 땀내인지도 모르겠다. 애써 힘들게 자란 생명인데 국거리를 위해 뿌리를 뚝뚝 자르다 보니 마음 한편에 가느다란 통증이 인다. '어린 왕자'의 장미처럼 탁정託情이고 관계 맺음인가 보다. 관심과 배려를 가지면 세상을 사랑하는 일이란 결코 어려운 문제만은 아닌 것 같다. 살아있는 정물화가 따로 없다.

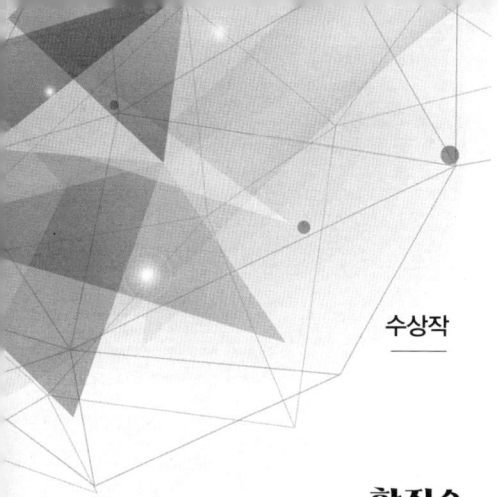

수상작

황진숙

선을 읽다

| 작가노트 |

⋮

수상작 외 2편

〈바게트〉
〈포구에서〉

황진숙
2016년 《수필과비평》 등단
한국문인협회, 수필울 회원
수상: 제1회 수필과비평올해의작품상 12

| 수상작 |

선을 읽다

 선을 읽는다. 선이 불러일으키는 무수한 감각이 돌올하다. 하루의 시작을 알리는 햇발에서부터 하루의 끝을 몰고 오는 어둑밭까지, 아니 홀로 깨어 있는 새벽녘까지 선은 그네들에게 깃든 기운을 드러내며 풍경을 이룬다. 말이 없는 사물의 내면을 시각화하며 의미를 발화한다.
 오랜만에 지인을 방문했다. 주인장이 반갑다며 차를 내온다. 마음이 편안해진다고 케모마일 차를 권한다. 한 모금 마시고 내려놓는데 찻잔이 예사롭지 않다. 입술을 맞대는 부분부터 바닥까지 금이 그어져 있다. 그로부터 파생된 몇 줄기의 선들이 넝쿨처럼 뻗어나갔다. 흘러내리는 물줄기 같기도 한 선들은 금분으로 치장되어 눈길을 사로잡는다. 주인장이 설거지하다가 놓쳤다며 깨진 부위를 접합했다고 말해준다. 애장하는 잔이라 차마 버릴 수 없었단다.

찻잔도 수선이 되는구나. 신기한 마음에 잔을 들여다본다. 부서지는 순간을 남김없이 보여주는 선의 기세가 거침없다. 순식간에 그의 상처에 가닿는다. 떨어지는 찰나의 파열음과 충격이 손끝에 감지된다. 숱하게 맞닿은 입술의 촉각, 감싸 쥔 손길의 체온 등 제 몸에 와닿던 감각들은 조각조각 바닥에 나뒹군다. 온기와 냉기를 머금은 잔의 기억이 파편으로 남을 뿐이다.

쓸모를 다한 한탄과 비애로 자포자기했다면 되살아나지 못했을 터이다. 서슬 퍼런 상처를 딛고 일어선 찻잔이 당당하다. 산산조각이 난 순간이, 아물린 흔적으로 견고하다. 부서진 파편을 모아 이어붙인 궤적이 고스란히 감촉된다. 함부로 저를 대하지 말라는 듯 자의식을 표출하는 서사가 맹렬하다. 깨짐과 복원을 오가며 응축된 힘으로 자기 존재를 증거하고 있음이다. 파동치는 기운을 오롯이 전하는 선의 자취로 평범했던 잔은 비로소 그만의 무늬로 완성된다.

얼마 전엔 부장품인 옛날 잔을 봤다. 어떤 꾸밈도 치레도 없이 구연부를 둘러친 한 줄의 돌대가 모양새 전부였다. 땅속에 박혀 있느라 마모되고 거칠어진 잔의 살갗과는 달리 지하의 어두침침한 시간을 견딘 선은 단호했다. 두루뭉술하게 원형을 이루지만, 망자를 지키기 위한 굳은 결의가 각인되어 생동했다. 선을 쫓다 보면 물레를 돌리던 도공의 모습이 떠오르고 차를 나눠 마시며 한유한 시간을 누리던 옛사람들의 풍경도 스쳐 간다. 이름 모를 이들의 정서가 까마득한 시간을 넘어와 가슴을 두드린다. 무덤의 주인은 썩어서 진즉에 흙으로 돌아갔건만, 살아남아 먼 시절의 이야기를 풀어놓는 곡선의 숨결이 고적하다. 저승과 이승의 시간을 잇대고 있음이다.

그런가 하면 제멋대로의 선들에선 정감이 느껴진다. 허술하게 둘러친 돌담을 거닐 적엔 잠시 멈춰 선다. 엉성한 생김새가 주는 빈틈을 엿보기 위해서다. 모양이나 격식에 얽매지 않는 돌담의 자유가 여유롭다. 크고 작은 막돌의 불규칙한 선들이 이웃하며 질서를 이루어내니 흥겹기까지 하다. 굴뚝 위에 얹어진, 모양이 일그러진 항아리와 조우했을 적에는 웃음이 나왔다. 온전한 배불뚝이가 아니라고 항아리가 아닌 건 아니잖은가. 그게 뭐 대수냐는 듯 무너진 허리선을 부여잡고 태연히 먼산바라기를 하는 자태가 능청스럽다. 재주라곤 부릴 줄 모르는 숫배기처럼 기교 없는 선들이 정답기만 하다.

흘러가는 물줄기나 끝없이 이어진 길에선 유유자적하는 선이, 방치된 폐선이나 갈 곳이 없어진 정물에선 고독한 선이, 낮게 내려앉는 이내나 야트막한 산의 능선에선 푸근한 선이 그림자처럼 따라다니며 배경으로 존재한다.

제각각인 선들과 얽히고설켜 살아가는 우리네 모습도 선을 이룬다. 사물의 선이 몸태이자 깃든 사연이라면 사람의 선은 살아가는 행적이다. 에스 라인의 곡선미나 역삼각형의 단단한 체형을 지닌 젊음의 몸 선은 쉬이 무너지지 않는다. 세상을 살아갈 꿈과 이상으로 탄탄하다. 돌고 돌아 소멸의 끄트머리에 들어선 경직된 몸은 애잔하다. 삼동의 추위에 얼었다 녹기를 반복하며 물기 하나 없이 말라가는 덕장의 목숨처럼, 인생살이의 담금질로 구부정해진 육신은 바짝 말라 펴질 줄 모른다. 직선같이 내리꽂히던 치기 어린 시절이 가고, 곡선같이 완만한 타협의 시기를 건너 주름선같이 겹쳐질 대로 오그라든 실루엣이 서글프다.

이고 진 짐으로 허우적거리느라 무게 중심이 한쪽으로 쏠린 내 모습은 어떤 모양일까. 가풀막을 오르느라 굽은 등이 수북하다. 길을 찾지 못해 제자리를 빙빙 돌기도 하고, 나아갈 방향을 가늠하기 위해 서성거리던 발걸음이 어지럽다. 하루를 살아내기 위해 직립의 의지를 다지건만, 까부라지기 일쑤다. 바닥을 기며 시들어가는 화분 속 줄기처럼 선의 동세가 미약하기만 하다.

생성과 소멸의 이치처럼 무수하게 생겨나고 사라지는 선. 사물의 주체로, 역사로, 배경으로 이쪽저쪽을 자유로이 넘나들며 존재하는 선이 묵직하다. 공간과 시간을 채우고 세상을 응시하며 인간사를 비추는 내재된 기운으로 약동한다.

살아가는 일은 언제 어디서나 마주하는 선에 깃든 의미를 찾아 헤아리는 일일 게다. 처처에 자리 잡은 선을 완만히 읽어내길. 느긋하게 아우르길.

　선을 읽으며 사색에 잠긴다.

| 작가노트 |

 단단한 얼음장이 되기 위해선 밑에서부터 차오르는 얼음층들의 결집이 있어야 한다. 얼었다 깨지고 달라붙었다 떨어지는 한 켜 한 켜의 결기가 모여 얼음판이 완성된다.
 우람한 나무로 곧게 자라나 위용을 떨치기 위해선 뿌리도 없이 사선으로 기울어져 지탱해주는 지지목이 있어야 한다. 둘러치고 세 들어 사는 푸른곰팡이에게, 쉴 새 없이 오르내리며 간지럼을 피우는 개미들에게 몸피를 내어주는 지지목의 헌신으로 한 그루가 완성된다.
 내 글이 되기 위해선 끝끝내 써 내려가는 마음과 버텨주는 몸의 노고가 뒤따른다.
 백지를 가득 채우겠다는 의지와 침침한 눈 뻐근한 손목 거북목이 되어가는 몸의 희생이 한 끝에 모아진다. 파일 안에 잠든 문장을 흔들어 깨우는 클릭 소리, 가슴에 와 닿는 문구를 찾아 책장을 넘기는 소리, 밤을 넘기는 초침 소리가 합쳐져 글이 완성된다.

  가는 길목마다 잡아채는 돌부리에 넘어지고 미끄러질지라도 내 기어이 완성의 길로 들어서리라. 한 편을 위해.

| 수상작 외 2편 |

바게트

터질 대로 터져라. 쿠프가 벌어지고 속살이 차오른다. 칼금을 그은 껍질 사이로 속결이 뚫고 나올 기세다. 뜨거운 열기 속에서 맘껏 팽창한다. 노릇하게 제 색을 갖추자 오븐 밖으로 나온다. 안과 밖의 온도 차로 바삭거리는 소리가 생동한다. 저다움을 구현하는 소리가 거침없다.

반으로 잘라 베어 문다. 한입에 느껴지는 맛이 아니다. 바삭한 껍질과 폭신한 속결은 씹어야 배어든다. 씹을수록 바삭한 껍질의 '바게트다움'이 전해져 온다.

바게트는 세상 한가운데서 저만의 호흡을 이어간다. 여타 반죽처럼 치대는 레시피를 따르지 않는다. 억지로 주무르지도 않는다. 반죽에 힘을 가하지 않고 오랜 시간 발효한다. 반죽틀에 갇힌 정형을 거부하며 스스로 모양을 찾아간다. 자연스러운 흐름으로 깊은 맛을 끌어낸다.

이보다 더 솔직할 수 있을까. 들쑥날쑥한 기포가 주는 자유는 거칠다. 뭇사람들의 감흥을 불러 일으킬만한 조밀한 결도 풍성한 모양새도 아니다. 이것저것 넣어 미각을 홀리거나 본연의 맛을 가리는 부재료를 첨가하지 않는다. 밀가루, 물, 소금, 이스트로만 만들어 검약하다. 충전물로 속을 채우고 달달하게 치장하는 빵들 속에서 무덤덤하기까지 하다.

수프에 찍어 애피타이저로, 밋밋한 주식빵으로, 샐러드에 더해져 후식으로, 와인에 곁들여진 안주로 바게트는 어디에나 어우러진다. 무뚝뚝하지만 속정이 깊은 사람처럼 과하지 않아 질리는 법이 없다. 별맛이 없는데 자꾸 생각나는 맛이다.

어쩌면 지금껏 빵의 담백한 맛을 가리는 단맛이나 풍성한 맛에 호도됐는지 모른다. 먹자마자 단박에 느껴지는 맛이어야 제대로 먹었다는 조급증에 시달려온 탓이다.

어느 빵보다 힘을 주지 않는 바게트는 만들기가 어려웠다. 빵이란 부드러워야 한다는 고정관념에 얽매여 무조건 힘을 줘서 찰기를 더했기 때문이다. 불혹의 끄트머리에 섰으니 누구보다 세상살이의 공식에 익숙하다. 몸에 배어 있다 보니, 일상 또한 수학 문제를 푸는 것처럼 괄호 속의 답을 찾아 계산기를 두드렸다. 마음을 써주지 않는 부모님에게 효도는 아니더라도 으레 자식으로서 의무를 다했다. 좋고 싫은 일에 마음을 나누기보다 받은 만큼만 하겠다며 거리를 뒀다. 직장에서 만난 동료들과는 어느 정도 선을 그었다. 가까이 지내다가 뒤돌아서는 관계가 되기 싫다는 이유였다. 당장은 그게 편할지 몰라도 갈등과 화해, 이해와 포용이 빠진 관계는 건조하고 윤기가 없다. 끝내는 몸과 마음에 탈이 나기 일쑤였다. 어찌 살아가는 일이 딱 떨어지는 정답만 있으랴.

바게트에서 최고의 난이도는 필요 이상의 가스와 압력을 빼는 칼집 내기다. 발효된 반죽의 거죽이 적당히 말랐을 때 칼금을 그어 일침을 가한다. 끝없이 부풀어 오르려는 오만과 헛바람으로 되바라지려는 무언가를 터트려 주는 것이다. 반죽을 마냥 팽창시키는 게 아닌, 일정하게 부풀려 속결을 좋게 하기 위함이다.

인간관계가 주고받음의 관계만은 아닐진대, 셈법에만 골몰해 온 지난날은 명백한 나의 자만이다. 감정 소모를 피한답시고 되도록 침묵으로 일관하는 대처법은 불통이라는 오해를 불러일으켰다. 손을 내미는 상대의 호의를 애써 무시하다가 콧대가 높다는 뒷말을 듣기도 했다. 마음을 내주지 않는 아집에 발등을 찍힌 꼴이다. 정해 놓은 틀에 욱여넣으려다 스스로 굴레에 갇혔다.

이제껏 취미로 해오던 베이킹에서 주력 품목은 식빵이었다. 사각 틀에서 부풀고, 정해진 모양으로 구워져야 만족스러웠다. 살아가는 일조차 도식화한 내겐 당연한 일이었다. 칼금을 긋지 않은 바게트 반죽이 급격하게 부풀어 오르듯이 머리로만 생각하고 가슴으로 받아들이지 않은 감정들이 차고 넘친다. 옆구리 터져야 쿠프 사이로 부들부들한 속살이 차오르는 것처럼 오만으로 가득한 내 삶의 덩어리에도 일침을 가할 일이다.

별다른 생각 없이 먹던 바게트가 주는 여운이 길다. 누룽지처럼 바삭거리는 겉과 쌀밥처럼 촉촉한 속이 어우러지는 이중주가 모든 감각을 관통한다. 주어진 레시피에서 벗어나 고유의 힘으로 식감을 살려야 가능한 일이다. 만드는 이에 따라 특유의 모양으로 볼륨을 형성하는 쿠프가 바게트의 묘미인 것처럼 진정한 나를 찾아 성형할 일이다.

바게트를 한 입 베어 문다. 입안으로 살포시 녹아들며 내 안으로 스며든다.

| 수상작 외 2편 |

포구에서

저문 해는 진즉 바다에 잠겼다. 등으로 치고받으며 이랑을 만드는 바닷물의 사위도 잠잠해졌다. 집어등 켜고 물살을 가로질렀을 어선들은 닻줄을 내리고 숨을 고르고 있다. 바닥에 널린 자잘한 어구와 낡은 그물에 고여 있는 허름한 하루가 느껍기만 하다.

 붉은빛을 사르고 어둠이 내리자, 저 멀리 붙박이 등대에 불빛이 내걸린다. 길 잃은 숨결들 무사 귀환할 수 있도록, 하루의 끝점에 내몰린 이들이 떠돌지 않도록 좌표가 되어 주는 등대가 묵묵하다. 뒤이어 방파제를 따라 가로등 불빛이 하나둘 살아난다. 물빛이 바뀐 해조음이 낮아지고 부산함이 잦아드는 포구가 아늑해진다.

 수평선 너머에서 불어오는 바람이 포구를 지나 좁은 골목길을 사이에 둔 수산시장으로 파고든다. 고즈넉한 포구와는 달리 왁자한 소리가 안겨 온다. 흥정 붙이는 아지매의 걸걸한 목소리, 주거니 받거니 참견하는 객의 목소리, 쉴 새 없이 철벅거리는 물소리로 생기가 넘친다.

 분주한 소음과 비릿한 갯내음이 뒤섞인 채 좌판을 훑는다. 그럴듯한 어항이나 환한 불빛도 없다. 화려한 진열대도 없다. 크기가 제각각인 고무함지가 전부다. 낡고 수더분한 풍경 속엔 해풍에 내몰린 비린 생들로 술렁거린다.

 벌어진 아가미로 숨 쉬고 있는 넙치, 주둥이를 내민 우럭, 꿈틀거리는 낙지, 첩첩이 쌓여있는 꽃게들이 한데 모여 복작댄다. 생의 마지막 종착지인 이곳에서 저들은 소멸의 시간을 유예 중이다. 조금 있으면 도마 위에 오르거나 스티로폼 상자에 담겨 또 다른 곳으로 떠날 것이다.

 나는 어디에서 왔고 어디로 가는가. 존재의 근원을 생각하는지 납작 엎드린 넙치가 침묵을 횡단하고 있다. 미늘에 걸려 여기까지 왔지만, 어차피 바닷속 밑바닥의 삶이었으니 궁색한 좌판인들 억울할 것도 없다. 컴컴한 바다 밑에서 옆줄에 의지한 채 물범을 피해 다닌 날들이 얼마이던가. 그에 비하면 왼쪽이냐 오른쪽이냐, 쏠린 눈 위치로 가자미와 구별하려는 구경꾼들의 눈초리는 견딜만하다. 뭍사람들의 궁금증이야 침묵으로 일갈하면 그만이다.

 조개와 멍게는 주인장의 속내를 아는 듯 미동도 없다. 돔을 사려는 이가 망설이자, 조개와 멍게를 덤으로 내준다. 이내 지갑이 열리고 흥정이 이루어진다.

 선택된 것에 딸려가는 곁다리, 주류 아닌 비주류. 단순히 덤으로만 한 생애가 끝나면 밋밋하지 않은가. 들러리라고 맛까지 없을쏘냐. 조개는 곁다리의 설움을 끓는 물에 풀어낸다. 해장하려고 조개 국물을 들이켜다가 다시 취해도 모를 정도로 시원하게 끓어오른다. 우러나는 국물로, 쫄깃한 속살로 기어이 식탁을 평정한다. 껍데기는 가라. 멍게는 어느 시인의 시구를 외치며 우둘투둘한 껍데기를 벗어던진다. 껍데기는 껍데기일 뿐이다. 매끈한 속살로 비릿하고 알싸한 맛으로 애주가의 미각을 점령한다.

 넙치 위로 지느러미 흔들며 지나던 우럭이 저울에 오른다. 무게를 달고 몸값이 결정된다. 아가미에서 피를 뽑은 다음, 목과 꼬리를 치고 살점을 저민다. 금세 상에 오른다. 방금까지 펄떡거리며 바닥을 치던 지느러미의 잔상이 뇌리에 남는다. 생이 다할 때까지 퍼덕거리다가 잠잠해지는 몸짓, 세상 한 귀퉁이가 고요해졌다. 적을 피해 암초 뒤에 몸을 숨기거나, 등지느러미에 날카로운 가시를 세우던 나날이 도톰한 육질로 전해질 뿐. 살아온 흔적이 맹렬히 지워진다.

 거친 시간을 돌고 돌아 고뇌를 달래주는 안주로, 허기 채워

주는 한 끼로 기꺼이 남은 생을 보시하는 비린 것들. 검불처럼 스러질지언정 침묵으로 몸짓으로 맛으로 치열하게 존재를 발화한다.

바닷속에서 유영하다 뭍으로 밀려온 이들이나 육지의 세찬 물살에 떠밀려 포구로 흘러든 나나 이 밤의 끝을 잡고 있기는 매한가지다. 그간 세상살이에 길들어져 적당히 살아왔다. 중량과 부피로 포장된 상품처럼 크기와 가격으로 칸칸이 나눠진 집에서 일상에 매달렸다. 하루 치를 지령받아 사는 거처럼 영혼을 박제시킨 채 그저 그런 나날로 쫓기듯 허덕였다. 한낮의 소요도 새벽의 고요도 아우르지 못하는 한 밤의 불면으로 무기력하기만 했다. 몸의 감각들과 불화하는 내면의 침묵으로 어떤 것에도 의미를 부여하지 못했다.

비린 목숨붙이들이 일깨우는 생의 기척이 묵직하게 들러붙는다. 외딴섬에 유폐시킨 감각들을 뒤흔든다. 얽히고설킨 속 뜨끈하게 달래주는 조개처럼 누군가의 혀끝을 맴돌며 속내를 헤아려 본 적이 있었던가. 밥벌이에 치여 밀려나고 뒤처지는 설움 뱉어내며 온몸으로 끓어오른 적이 있었느냔 말이다. 바위나 해초에 붙어 거친 물살을 헤치느라 우둘투둘한 외피로 중무장한 멍게와 허기진 속내를 감추려 겉치레로 뒤덮인 나. 언제쯤이면 껍데기를 벗어던지고 부드러운 속살처럼 순정한 자아로 거듭날 수 있으려나. 명이 다할 때까지 거친 야성으로 몸부림치는 조피볼락처럼 넓디넓은 세상에 잊히지 않는 한

장면 남길 수 있으려나. 만신창이가 될지라도 공중으로 솟구쳐올라 바닥을 칠 수 있으려나.

  가슴 속에 모여든 풍경들이 쏟아지는 달빛만큼 깊어진다. 흘러가는 시간 따라 파도 소리만 높아진다.